कविताएँ

काग़ज़ और कैनवस

काग़ज़ और कैनवस

अमृता प्रीतम

अनुवाद
शान्ता

राजकमल प्रकाशन

ISBN : 978-81-267-0492-7

मूल्य : ₹595

पहला संस्करण : 1973
बारहवाँ संस्करण : 2023

प्रकाशक : राजकमल प्रकाशन प्रा. लि.
1-बी, नेताजी सुभाष मार्ग, दरियागंज
नई दिल्ली-110 002

शाखाएँ : अशोक राजपथ, साइंस कॉलेज के सामने, पटना-800 006
पहली मंजिल, दरबारी बिल्डिंग, महात्मा गांधी मार्ग, प्रयागराज-211 001
1, अनमोल सोराबजी सन्तुक लेन, धोबी तलाव, मरीन लाइंस, मुम्बई-400 002

वेबसाइट : www.rajkamalprakashan.com
ई-मेल : info@rajkamalprakashan.com

मुद्रक : बी.के. ऑफसेट
नवीन शाहदरा, दिल्ली-110 032

KAGAZ AUR CANVAS
Poems by Amrita Pritam
Translated by Shanta

इमरोज़ के नाम

क्रम

काग़ज़ और कैनवस

चुप दी साज़िश

रात उंघलांदी पई...
किसे ने इंसान दी छाती नूं संह्न लाई है
हर चोरी तों भिआनक इह सुपनिआं दी चोरी है।

चोरां दे खुरे—
हर देस दे हर शहर दी हर सड़क 'ते बैठे
पर कोई अख तकदी नहीं, ना चौंकदी।
सिर्फ़ इक कुत्ते दी तरां इक संगली दे नाल बज्झी
किसे वेले, किसे दी कोई नज़म भौंकदी।

चुप की साज़िश

रात ऊँघ रही है...
किसी ने इंसान की छाती में सेंध लगाई है
हर चोरी से भयानक यह सपनों की चोरी है।

चोरी के निशान—
हर देश के हर शहर की हर सड़क पर बैठे हैं
पर कोई आँख देखती नहीं, न चौंकती है।
सिर्फ़ एक कुत्ते की तरह एक ज़ंजीर से बँधी
किसी वक़्त किसी की कोई नज़्म भौंकती है।

ओ मेरे दोस्त! मेरे अजनबी!

इक वार अचानक तूं आया—
तां वक़्त असलों हैरान, मेरे कमरे 'च खलोता रह गया...
तरकालां दा सूरज लहिण वाला सी पर लहि ना सकिआ
ते घड़ी कु उस ने डुबण दी क़िस्मत विसार दित्ती
फिर अज़लां दे नेम ने इक दुहाई दित्ती,
ते वक़्त ने—बीते खलोते छिणा नूं तकिआ
ते घाबर के बारी 'चों छाल मार दित्ती।
उह बीते खलोते छिणा दी घटना
हुण तैनूं वी बड़ी असचरज लगदी है
ते मैनूं वी बड़ी असचरज लगदी है
ते शायद वक़्त नूं वी फेर उह ग़लती गवारा नहीं—
हुण सूरज रोज़ वेले सिर डुब जांदा है
ते हनेरा रोज़ मेरी छाती विच खुभ जांदा है
पर बीते-खलोते छिणां दा इक सच है
हुण तू ते मैं, मनणा चाहिए जा नां इह वखरी गल्ल है
पर उस दिन वक़त ने जद बारी 'चों छाल मारी सी
ते उस दे गोडिआं विचों जो लहू सिमिआ सी
उह लहू मेरी बारी दे थल्ले अजे तक जम्मिआ होइऐ...

ऐ मेरे दोस्त! मेरे अजनबी!

एक बार अचानक तू आया
तो वक़्त बिलकुल हैरान मेरे कमरे में खड़ा रह गया।
साँझ का सूरज अस्त होने को था, पर हो न सका
औ डूबने की क़िस्मत वह भूल-सा गया।
फिर अज़ल के असूल ने एक दुहाई दी,
और वक़्त ने उन खड़े क्षणों को देखा
और खिड़की के रास्ते बाहर को भागा।
वह बीते और ठहरे क्षणों की घटना—
अब तुझे भी एक बड़ा आश्चर्य होता है
और मुझे भी एक बड़ा आश्चर्य होता है
और शायद वक़्त को भी फिर वह ग़लती गवारा नहीं,
अब सूरज रोज़ वक़्त पर डूब जाता है
और अँधेरा रोज़ मेरी छाती में उतर आता है।
पर बीते और ठहरे क्षणों का एक सच है—
अब तू और मैं मानना चाहें या नहीं, यह और बात है।
पर उस दिन वक़्त जब खिड़की के रास्ते बाहर को भागा
और उस दिन जो ख़ून उसके घुटनों से रिसा
वह ख़ून मेरी खिड़की के नीचे अभी तक जमा हुआ है।

अश्वमेध यज्ञ

इक चेतर दी पुनिआं सी—
कि चिट्टा दुध मेरे इश्क दा घोड़ा
देसां ते बदेसां नूं गाहण तुरिआ...
सारा शरीर सच वांग चिट्टा
ते सउले कंन बिरहा रंग दे।
सोने दा इक पतरा उहदे मत्थे दे उत्ते
'इह दिग विजै दा घोड़ा—
कोई बलवान है तां इस नूं फड़े ते जित्ते'
ते जीकण इस यज्ञ दा इक नेम है—
इह जित्थे वी खलोता मैं गीत दान कीते
ते कई थावें मैं हवन तारिआ,
सो जिसने वी जितणा चाहिआ, वह हारिआ।
अज उमर वाली अउध मुकी है
ते इह सलामत मेरे कोल मुड़िआ है,
पर कही अणहोणी—
कि पुन्न दी इच्छा नहीं, ना फल दी लालसा बाकी
इह चिट्टा दुधं मेरे इश्क दा घोड़ा
मारण नहीं हुंदा...मारण नहीं हुंदा...
बस इहीओ सलामत रहे, पूरा रहे!
मेरा अश्वमेध यज्ञ अधूरा है, तां अधूरा रहे।

अश्वमेध यज्ञ

एक चैत की पूनम थी
कि दूधिया श्वेत मेरे इश्क़ का घोड़ा
देश और विदेश में विचरने चला...
सारा शरीर सच सा श्वेत
और श्यामकर्ण विरही रंग के।
एक स्वर्णपत्र उसके मस्तक पर
'यह दिग्विजय का घोड़ा—
कोई सबल है तो इसे पकड़े और जीते'
और जैसे इस यज्ञ का एक नियम है
यह जहाँ भी ठहरा मैंने गीत दान किये
और कई जगह हवन रचा
सो जो भी जीतने को आया वह हारा।
आज उम्र की अवधि चुक गई है
और यह सकुशल मेरे पास लौटा है,
पर कैसी अनहोनी—
कि पुण्य की इच्छा नहीं, न फल की लालसा शेष
यह दूधिया श्वेत मेरे इश्क़ का घोड़ा
मारा नहीं जाता... मारा नहीं जाता...
बस यही सकुशल रहे, पूरा रहे!
मेरा अश्वमेध यज्ञ अधूरा है, अधूरा रहे।

मैं

बहुत समकाली हन—
सिर्फ़ इक 'मैं' मेरा समकाली नहीं।
'मैं' बिना मेरा जन्म
पुन्न दी थाली दे विच अपराध दा इक सगण है।
मास दे विच कैद होइआ मास दा इक छिण है।
ते मास दी इस जीभ उत्ते—
जदो वी कोई लफ़्ज़ अउंदा, खुदकशी करदा,
जे खुदकशी तों बचदा—
काग़ज़ 'ते उतरदा, तां कत्ल हुंदा है।
बन्दूक दी गोली—
जे इक बार मैनूं हनोई विच लगदी है,
तां दूसरी बारी प्राण विच लगदी
ते इक धुआं हवा दे विच तरदा है,
ते मेरा 'मैं' अठमाहे बच्चे दी तरहां मरदा है।
की किसे दिन, इह मेरा 'मैं' मेरा समकाली बणेगा?

मैं

बहुत समकालीन है—
सिर्फ़ एक 'मैं' मेरा समकालीन नहीं।
'मैं' बिना मेरा जन्म—
पुण्य की थाली में पड़ा अपराध का एक शगुन है।
मांस में बन्दी हुआ मांस का एक क्षण है।
और मांस की हर जीभ पर—
जब भी कोई लफ़्ज़ आता, खुदकशी करता,
जो खुदकशी से बचता—
काग़ज़ पर उतरता, तो कतल होता है।
बन्दूक की गोली—
जो एक बार मुझे हनोई में लगती है
तो दूसरी बार प्राग में लगती है।
और एक धुआँ हवा में तैरता है,
और मेरा 'मैं' अठवांसे बच्चे की तरह मरता है।
क्या किसी दिन यह मेरा 'मैं' मेरा समकालीन बनेगा?

इक मुलाक़ात

कई वरिहां दे पिच्छों अचानक इक मुलाक़ात
ते दोहां दी जिंद इक नज़म वांग कम्बी...

सांहवे समुची रात सी
पर अद्धी नज़म इक गुठ विच लग्गी रही
ते अद्धी नज़म इक गुठ विच लग्गी रही...

फिर सबेर सार—
असी काग़ज़ दे पाटे होये टुकड़ियाँ दी तरांह मिले
मैं आपणे हत्थ विच उहदा हत्थ फड़िआ
उस आपणी बांह विच मेरी बांह लीती

ते फेर असी दोवें इक सैंसर दी तरहां हस्से
ते काग़ज़ नूं इक ठंडे मेज़ ते रख के
उस सारी नज़म ते इक लीक फेर दित्ती...

एक मुलाक़ात

कई बरसों के बाद अचानक एक मुलाक़ात
हम दोनों के प्राण एक नज़्म की तरह काँपे...

सामने एक पूरी रात थी—
पर आधी नज़्म एक कोने में सिमटी रही
और आधी नज़्म एक कोने में बैठी रही

फिर सुबह सवेरे—
हम काग़ज़ के फटे हुए टुकड़ों की तरह मिले
मैंने अपने हाथ में उसका हाथ लिया
उसने अपनी बाँह में मेरी बाँह डाली—

और हम दोनों एक सैंसर की तरह हँसे
और काग़ज़ को एक ठंडे मेज़ पर रखकर
उस सारी नज़्म पर लकीर फेर दी...

इक मुलाक़ात

मैं चुप शान्त ते अडोल खड़ी सां...
सिर्फ़ कोल वगदे समुंदर दे विच तुफ़ान सी...
फिर समुंदर नूं रब जाणे की ख्याल आया
उस प्रापणे तुफ़ान दी इक पोटली बन्नी
मेरे हत्थां 'च फड़ाई, ते हस्स के कुछ पर्हां हो गिआ...

हैरान सां—पर उस दा चमत्कार फड़ लिआ
पता सी—कि जिही घटना कदे सदीआं 'च हुंदी है...

लख्खां ख्याल आये
मत्थे 'च झिलमिलाये

पर खलोती रह गई, कि इस नूं चुक के
अज आपणे शहर विच मैं किवें जावांगी?
मेरे शहर दी हर गली भीड़ी है
मेरे शहर दी हर छत्त नीवीं है
मेरे शहर दी हर कंध चुगली है

मैं सोचिआ—जे तूं किते लभें
तां समुंदर दी तरहां इहनूं छाती ते रख के
असी दो किनारिआं दी तरहां हस्स सकदे सां

एक मुलाक़ात

मैं चुप, शान्त और अडोल खड़ी थी
सिर्फ़ पास बहते समुद्र में तूफ़ान था...
फिर समुद्र को ख़ुदा जाने क्या ख़याल आया
उसने तूफ़ान की एक पोटली सी बाँधी
मेरे हाथों में थमाई और हँसकर कुछ दूर हो गया

हैरान थी पर उसका चमत्कार ले लिया
पता था कि इस तरह की घटना कभी सदियों में होती है...

लाखों ख़याल आये—
माथे में झिलमिलाये

पर खड़ी रह गई कि इसको उठाकर
अब अपने शहर में मैं कैसे जाऊँगी?
मेरे शहर की हर गली तंग है
मेरे शहर की हर छत नीची है
मेरे शहर की हर दीवार चुगली है

सोचा अगर तू कहीं मिले
तो समुद्र की तरह इसे छाती पर रखकर
हम दो किनारों की तरह हँस सकते थे

ते नीवीआं छत्तां—
ते भीड़ीआं गलीआं दे शहर विच वस्स सकदे सां...

पर सारी दुपहर तैंनूं लभदिआं बीती
ते आपणी अग्ग दा मैं आपे ही घुट पीता
मैं इक 'कल्ला किनारा, किनारे नूं खोर लीता,
ते दिहुं लहिण वेले—
समुंदर दा तुफ़ान समुंदर नूं मोड़ दित्ता

हुण रात पैण लग्गी तां तू मिलिआ ऐं
तूवी उदास, चुप, शान्त, ते अडोल
मैं वी उदास, चुप, शान्त, ते अडोल
सिर्फ़—दूर वगदे समुंदर दे विच तुफ़ान है...

और नीची छतों—
और सँकरी गलियों के शहर में बस सकते थे...

पर सारी दोपहर तुझे ढूँढ़ते बीती
और अपनी आग को मैंने ख़ुद ही पी लिया
मैं एक अकेला किनारा, किनारे को मैंने खोर लिया,
और जब दिन ढलने को था—
समुद्र का तूफ़ान, समुद्र को लौटा दिया...

अब रात घिरने लगी तो तू मिला
तू भी उदास, चुप, शान्त और अडोल
मैं भी उदास, चुप, शान्त और अडोल
सिर्फ़—दूर बहते समुद्र में तूफ़ान है...

इक घटना

तेरीआं यादां
बहुत देर होई जलावतन होईआं
जीउंदिआं कि मोईआं—कुछ पता नहीं।

सिर्फ़ इक वारी इक घटना वापरी
ख्यालां दी रात बड़ी डूंघी सी
ते एनी चुप सी
कि पत्ता खड़कियां वी
वरिहां दे कंन त्रभकदे।

फेर तिंन वारां जापिआ
छाती दा बूहा खड़कदा
ते पोले पैर छत्त 'ते चढ़दा कोई
ते नहुंआं दे नाल पिछली कंध खुरचदा।

तिंन वारां उठके मैं कुंडीआं टोहीआं
हनेरे नूं जिस तरहां इक गर्भ पीड़ सी
उह कदे कुछ कहिंदा, ते कदे चुप हुंदा
ज्यों अपनी आवाज़ नूं दंदां दे विच पीहंदा
ते फेर जीउंदी जागदी इक शै
ते जीउंदी जागदी आवाज़!

एक घटना

तेरी यादें
बहुत दिन बीते जलावतन हुईं
जीती कि मरीं—कुछ पता नहीं।

सिर्फ़ एक बार—एक घटना घटी
ख़यालों की रात बड़ी गहरी थी
और इतनी स्तब्ध थी
कि पत्ता भी हिले
तो बरसों के कान चौंकते।

फिर तीन बार लगा
जैसे कोई छाती का द्वार खटखटाये
और दबे पाँव छत पर चढ़ता कोई
और नाखूनों से पिछली दीवार को कुरेदता

तीन बार उठकर मैंने साँकल टटोली
अँधेरे को जैसे एक गर्भ पीड़ा थी
वह कभी कुछ कहता और कभी चुप होता
ज्यों अपनी आवाज़ को दाँतों में दबाता
फिर जीती जागती एक चीज़
और जीती जागती आवाज़।

"मैं कालियां कोहां तों आई हां
पाहरूआं दी अख तों इस बदन नूं चुरांदी
बड़ी मांदी
पता है मैंनूं कि तेरा दिल आबाद है
पर किते सुंञी सख्खणी कोई थां मेरे लई?

... ...

सुंञ सख्खण बड़ी है पर तूं..."
त्रभक के मैं आखिआ—
"तूं जलावतन...नहीं कोई थां नहीं
मैं ठीक कहंदी हां कि कोई थां नहीं तेरे लई
इह मेरे मस्तक मेरे आका दा हुक्म है"

... ...

ते फेर जीकण सारा हनेरा ही कंब जांदा है
उह पिछांह नू परती
पर जाण तों पहलां उह उर्हां होई
ते मेरी होंद नूं उस इक वार छोहिआ
होली जही
इंज जिवें कोई वतन दी मिट्टी नू छोंहदा है...

"मैं काले कोसों से आई हूँ
प्रहरियों की आँख से इस बदन को चुराती
धीमे से आती
पता है मुझे कि तेरा दिल आबाद है
पर कहीं वीरान सूनी कोई जगह मेरे लिए!

... ...

सूनापन बहुत है पर तू..."
चौंक कर मैंने कहा—
"तू जलावतन... नहीं कोई जगह नहीं
मैं ठीक कहती हूँ—कि कोई जगह नहीं तेरे लिए
यह मेरे मस्तक, मेरे आक़ा का हुक्म है"

... ...

और फिर जैसे सारा अँधियारा काँप जाता है
वह पीछे को लौटी
पर जाने से पहले कुछ पास आई
और मेरे वजूद को एक बार छुआ
धीरे से—
ऐसे, जैसे कोई वतन की मिट्टी को छूता है—

गली दा कुत्ता

कई वरिहां दी गल्ल है—
जद तूं ते मैं निखड़े
कोई पछतावा नहीं
सिर्फ़—इक गल्ल कुझ समझ विच नही आउंदी...

तूं ते मैं जद विदा कह रहे सां
ते साडा मकान विक रिहा सी
चौंके दे सख्खणे भांडे विहड़े 'च पए सन
            शाइद मेरीआं जा तेरीआं अखां 'च वेखदे,
कुझ मूधे वी सन—
            शाइद मुंह छुपा रहे सी।

...   .

इक बूहे दी वेल सी मुरझाई जिही
शाइद तैनूं ते मैंनूं कुझ कहि रही
            —जां पाणी दी टूटी नूं उलांभा दे रही

इह सब कुझ ते होर इहो जिहा
कदे चेते नहीं अउंदा,
सिर्फ़ इक गल्ल कुझ बहुत याद अउंदी है—

गली का कुत्ता

कई बरसों की बात है—
जब तू और मैं बिछुड़े
कोई पश्चात्ताप नहीं
सिर्फ़—एक बात कुछ समझ में नहीं आती...

तू और मैं जब विदा कह रहे थे
और हमारा मकान बिक रहा था
चौके के ख़ाली बर्तन आँगन में पड़े थे--
शायद मेरी या तेरी आँखों में देखते,
कुछ औंधे भी थे—
शायद मुँह छुपा रहे थे।

... ...

एक द्वार की लता, मुरझाई सी
शायद मुझे और तुझे कुछ कह रही थी
—या पानी के नल को उलाहना दे रही थी..

यह सब कुछ और इस सरीखा
कभी याद नहीं आता
सिर्फ़ एक बात कुछ बहुत याद आती है—

कि इक सड़क दा कुत्ता—
कीकण, ते की सुंघदा
इक सख्खणे कमरे 'च वड़ गिआ
ते कमरे दा बूहा बापरों दी बन्द हो गिआ

फेर तीजे दिहाड़े—
मकान दा सौदा जद नेपरे चढ़िआ
ते चाबीआं दे नाल असां नोटां नूं वटाइआ
नवें मालक नूं हर इक जंदरा सौंपिआ
ते इक्क इक्क कमरा विखाइया
तां इक्क कमरे दे विच्च उस कुत्ते दी लाश सी

मैं उसदा भौकंणां कदे कन्नी नहीं सुणिआ
—सिर्फ़ उस दी बो सुंघी सी
ते उही बो, हुण वी अचानक—
मैंनूं कई चीज़ां 'चों अउंदी है...

कि एक सड़क का कुत्ता—
कैसे, और क्या सूँघता
एक ख़ाली कमरे में जा घुसा
और कमरे का द्वार बाहर से बन्द हो गया

फिर तीसरे दिन—
मकान का सौदा जब निबट गया
और चाबियों से हमने नोट बदलाये
नये मालिक को हर ताला जब सौंपा
और एक-एक कमरा दिखाया
तो एक कमरे में उस कुत्ते की लाश थी...

मैंने उसका भौंकना कभी कानों न सुना
—सिर्फ़ उसकी बू सूँघी थी
और वही बू अब भी अचानक—
मुझे कई चीज़ों से आती है...

वैराग

चिरां तों इक गल्ल चली अउंदी सी—
कि वेले दी ताकत वड्ढी तारदी
इतिहास तों चोरी इतिहास दे वरके खरीददी,
जदों वी चांहदी रही
कुझ सतरां बदलदी ते कुझ बुझांदी रही,
इतिहास हसदा रिहा खिझदा रिहा,
ते हर इतिहासकार नूं उह माफ़ करदा रिहा,
पर अज शायद उह बहुत ही उदास है—
इक हथ उस दी जिल्द चुक के—
कुझ वरकिआं नूं पाड़दा
ते उन्हां दी थावें होर वरके सी रिहा
अते इतिहास—चुपचाप वरकिआ 'चों निकलके
इक रुख्ख दे थल्ले खलोता सिगरट पी रिहा।

वैराग्य

मुद्दत से एक बात चली आती थी—
कि वक़्त की ताक़त रिश्वतें देती
इतिहास से चोरी इतिहास के पन्नों को खरीदती
वह जब भी चाहती रही
कुछ पंक्तियाँ बदलती और कुछ मिटाती रही,
इतिहास हँसता रहा खीझता रहा,
और हर इतिहासकार को वह माफ़ करता रहा।
पर आज शायद बहुत ही उदास है—
एक हाथ उसकी जिल्द को उठाकर
कुछ पन्नों को फाड़ता
और उनकी जगह कुछ और पन्ने सी रहा
और इतिहास—चुपके से उन पन्नों से निकलकर
एक पेड़ के नीचे खड़ा एक सिगरेट पी रहा है...

सफ़रनामा

गंगाजल तों लैके वोदका तीकण
इह सफ़रनामा है मेरी पिआस दा ...
सादा पवित्र जनम दे, सादा अपवित्र करम दा, इक सादा इलाज
ते किसे महबूब चेहरे नूं इक छलकदे गलास विच तकण दा जतन
ते आपणे पिंडे दे उत्तों, इक सतपराये जखम नूं भूलण दी लोड़

इह किन्ने तिकोन पत्थर हन—
जो किसे पाणी दे घुट सदका, मैं संघ 'चों लंघाए हन।
किन्ने भविख हन—जो वरतमान तों बचाए हन
ते शायद वरतमान वी—मैं वरतमान तो बचाइआ है...

सिर्फ़ इक खियाल आया है
कई बार अउंदा है—
जिऊं कई वार इक सारंगी दा गज़—
अचानक किसे राग दी छाती दे विच खुभदा है।
जां चुपचाप इक पिआनो—
कालिआं ते चिट्टिआं दंदां दे विच संगीत चबदा है।

इक ख़िआल अउंदा है—
पर जिवें कोई मौत दा इक घुट्ट भरे
डरे, ते फेर छेती नाल उसदे ख़िआल दी उल्टी करे...

सफ़रनामा

गंगाजल से लेकर वोदका तक,
यह सफ़रनामा है मेरी प्यास का...
सादा पवित्र जन्म के, सादा अपवित्र कर्म का, एक सादा इलाज
और किसी महबूब चेहरे को एक छलकते गिलास में देखने का यत्न
और अपने बदन से एक बिलकुल बेगाने ज़ख़्म को भूलने की ज़रूरत

यह कितने तिकोन पत्थर हैं—
जो किसी पानी के घूँट से गले से उतारे हैं
कितने भविष्य हैं जो वर्तमान से बचाये हैं
और शायद वर्तमान भी—मैंने वर्तमान से बचाया है...

सिर्फ़ एक ख़याल आया है
कई बार आता है—
ज्यों कई बार एक सारंगी का गज—
अचानक किसी राग की छाती में चुभता है।
या चुपचाप एक पियानो—
काले और श्वेत दाँतों में संगीत चाबता है।

एक ख़याल आता है—
पर जैसे कोई मौत का एक घूँट भरे
डरे, और फिर जल्दी से उस ख़याल की कै सी करे...

पर मोईआं छातीआं दे विच वी कुझ साह जीउंदे हन
ते अटके साहवां दे नाल अज मैं आख सकदी हां...
कि हर इक सफ़र सिरफ उत्थों शुरू हुंदा है—
—जित्थे इह सफ़रनामे खतम हुंदे हन।

पर मरे सीनों में भी कुछ साँस जीते हैं
और अटके साँसों के साथ मैं कह सकती हूँ...
कि हर एक सफ़र सिर्फ़ वहीं शुरू होता है
—जहाँ यह सफ़रनामे ख़त्म होते हैं

ऐश ट्रे

इलहाम दे धूएं तों लैके सिगरट दी राख तक
उमर दा सूरज ढले
मत्थे दी सोच बले
इक फेफड़ा गले
इक वीअतनाम जले

ते रौशनी—हनेरे दा पिंडा जिउं ताप विच शूके
ते ताप दी घूकी दे विच—
हर मज़हब बरड़ावे
हर फ़लसफ़ा लंगावे
हर नज़म थथलावे
आखणा चाहवे—
कि हर सलतनत सिक्के दी हुंदी है, बारूद दी हुंदी है,
ते हर जनमपत्री—
आदम दे जनम दी इक झूठी गवाही देंदी है।

पैर विच लोहा वले
कन्न विच पत्थर ढले
सोचां दा हिसाब रुके
सिक्के दा हिसाब चले।

ऐश ट्रे

इलहाम के धुएँ से लेकर सिगरेट की राख तक
उम्र का सूरज ढले
माथे की सोच बले
एक फेफड़ा गले
एक वियतनाम जले

और रोशनी—अँधेरे का बदन ज्यों ज्वर में तपे
और ज्वर की अचेतना में—
हर मज़हब बरड़ाये
हर फ़लसफ़ा लँगड़ाये
हर नज़्म तुतलाये
और कहना सा चाहे
कि हर सल्तनत सिक्के की होती है, बारूद की होती है—
और हर जन्मपत्री—
आदम के जन्म की एक झूठी गवाही देती है।

पैर में लोहा डले
कान में पत्थर ढले
सोचों का हिसाब रुके
सिक्के का हिसाब चले

ते मैं आदम—अखीर विच बणदा मास दी इक ऐश ट्रे
इलहाम दे धुएं तों लैके सिगरट दी राख तक
मैं वी जो सोचां पीतीआं
उहनां दी राख झाड़ी सी,
तुसी वी झाड़ सकदे हो।

ते चाहवो तां मांस दी इह ऐश ट्रे मेज़ ते सजावां,
जां गान्धी, लूथर ते कैनेडी कहि के
चाहवो तां तोड़ सकदे हो...

और मैं आदम—अन्त में बनता मांस की एक ऐश ट्रे
इलहाम के धुएँ से लेकर सिगरेट की राख तक
मैंने जो फ़िकर पिये
उनकी राख झाड़ी थी
तुम भी झाड़ सकते हो

और चाहो तो मांस की यह ऐश ट्रे मेज़ पर सजाश्रो
या गान्धी, लूथर और कैनेडी कहकर
चाहो तो तोड़ सकते हो...

तखलीकी अमल

नज़म, कदे काग़ज़ नूं तक्के ते इंज मुँह मोड़े
जिउँ काग़ज़ पराइआ मर्द हुंदा है...

पर कदे, इक कंजक जिउं करवे दा वरत रखदी है
ते उस रात उस नूं इक सुपना जिहा अउंदा है
अचानक कोई मरदावां अंग छोंहदा है
ते सुपने दे विच वी उहदा बदन कंबदा है...

पर कदे अग्ग चटदी उह त्रभक जांदी
जाग पेंदी
गदराए अंगां नूं टोंहदी
चोली दे बदन खोहलदी
चानणी दे बुक पिंडे ते पांदी
ते पिंडा निचोड़दी दा हत्थ सिसक जिहा जांदा है...

पिंडे दा हनेरा चटाई वांग बिछदा
उह मूधी चटाई उत्ते लेटदी
उहदे तीले तोड़दी
ते उहदा अंग अंग सुलग पैंदा है
ते उहनूं जापदा, उहदे पिंडे दा हनेरा
किसे बलवान बांह विच टुटणा चाहुंदा है...

रचना प्रक्रिया

नज़्म कभी काग़ज़ को देखे और यूँ मुँह मोड़े
ज्यों काग़ज़ पराया मर्द होता है...

पर कभी, एक कँवारी जैसे करवे का व्रत रखती है
और उस रात उसे एक सपना सा आता है।
सहसा कोई मरदाना अंग छूता है
और सपने में उसका बदन काँपता है

पर कभी आग चाटती वह चौंक जाती
जाग पड़ती
गदराये अंगों को टटोलती
चोली के बटनों को खोलती
चाँदनी के चुल्लू तन पर डालती
और तन को सुखाती का हाथ सिसक सा जाता है

बदन का अँधेरा चटाई सा बिछता
वह औंधी चटाई पर लेटती
उसके तिनके से तोड़ती
और उसका अंग-अंग सुलग पड़ता
और उसे लगता है कि उसके बदन का अँधेरा
किसी सबल बाँहों में टूटना चाहता है...

अचानक इक काग़ज़ अगांह हुंदा है
ते उसदे कंबदे हथां नूं छोंहदा है
इक अंग बलदा है
इक अंग पिघलदा है
ते उह एक अजनबी हवाड़ सुंघदी है
ते उहदा हत्थ—पिंडे 'च उतर आइआं लीकां नूं वेहंदा है...

हत्थ उंघलांदा है, पिंडा उपरांदा है
ते मत्थे दे उत्ते इक त्रेली जिही छुटदी
इक लम्बी लकीर टुटदी
ते साह—
जनम दी ते मौत दी दूहरी हवाड़ विच भिज जांदा है...

इह सब कालीआं ते पतलीआं लीकां
जिउं इक लीक दे कुझ टुकड़े जहे हुंदे...
उह चुप ते हैरान, नुंचड़ी खलोती, वेखदी
सोचदी—
कि कोई अनिआं होइआ है
उहदा कोई अंग मोइआ है
शायद इक कुआरी दा गर्भपात इंजे ही हुंदा है...

अचानक एक काग़ज़ आगे को बढ़ता है
और उसके काँपते हाथों को छूता है
एक अंग जलता है
एक अंग पिघलता है
और वह एक अजनबी गन्ध सूँघती
और उसका हाथ तन में उतर आई लकीरों को देखता है

हाथ ऊँघता बदन छटपटाता
और माथे पर एक पसीना सा छूटता
एक लम्बी लकीर टूटती
और साँस—
जन्म की और मौत की दोहरी गन्ध में भीग जाता है...

यह सब काली और पतली लकीरें
जैसे एक लम्बी चीख़ के कुछ टुकड़े से होते
वह चुप और हैरान निचुड़ी सी खड़ी, देखती
सोचती—
कि कोई अन्याय हुआ है
उसका कोई अंग मर गया है
शायद एक कँवारी का गर्भपात ऐसे ही होता है...

टोस्ट

कल शीशे दी सुराही विच
मैं ख्यालां दी शराब भरी सी
ख्याल बड़े सूहे सन
दोस्तां ने जाम पीते सन
ते उहनां लफ़ज़ां दे टोस्ट दित्ते सन
जो छाती दे विच नही उगदे।
उह किहड़िआं रुक्खां ते उगदे हन
ते होंठां दे गमलिआं विच किवें अउंदे हन
इह सोचण दी वेहल नहीं सी,
जां इंज आखां कि सोचण तों सहम लगदा सी
इह लफ़्ज़ां दा जशन सी
भुलेखिआं दी वर्हे—गंढ
मैं सां, रात सी, ख्यालां दी शराब सी, ते बड़े दोस्त—
दोस्त जो कुझ बुलाइआं आये सन, कुछ बिन बुलाइआं।
सिर्फ़ इक कोई 'उह' सी
जो बड़ी वार सेंदण ते वी नहीं सी आया।
... ...

हुणे प्रभात होई है—
छाती नूं चीर के छाती दे विच सूरज दी किरण पई है
हुणे—मैं इक घणा जंगल वेखिआ
ते गरजां दे रुक्ख वेखे हन

टोस्ट

कल शीशे की सुराही में
मैंने ख़यालों की शराब भरी थी
ख़याल बड़े सुर्ख़ थे
दोस्तों ने जाम पिये थे
और उन लफ़्ज़ों के टोस्ट दिये थे
जो छाती में नहीं उगते।
वह कौन से पेड़ों पे उगते हैं
और होंठों के गमलों में किस तरह आते हैं।
यह सोचने का वक़्त न था,
या इस तरह कहूँ कि सोचने में ख़ौफ़ लगता था
यह लफ़्ज़ों का जशन था
भुलावों की वर्षगाँठ
मैं थी, रात थी, ख़यालों की शराब थी, और बहुत दोस्त
दोस्त जो कुछ बुलाने पर आए थे, कुछ बिनबुलाये।
सिर्फ़ एक कोई 'वह' था
जो बहुत बार बुलाने पर भी नहीं आया था
... ...

अभी सुबह हुई है—
छाती को चीरकर छाती में सूरज की किरण पड़ी है
अभी मैंने एक सघन बन देखा है
ख़ुदगर्ज़ियों के पेड़ देखे हैं

ते उहनां ते आई अजीब पतझड़ वी वेखी है
पतझड़—जो लफ़्ज़ां ते नहीं अउंदी,
सिर्फ़ अर्थ ते अउंदी है
दोस्तां दे लफ़्ज़ प्रजे वी गुलाबी हन
बहार दे फुल्लां दे तरहां
सिर्फ़ अर्थ झड़दे वेख रही हां
ते भरे जंगल विच मैं असलों इकल्ली हां...
मैं हां, चुप है, इक किरन है, ते शीशे दी ख़ाली सुराही है

... ...

इह किही चुप है कि जिहदे विच पैरां दा खड़ाक शामिल है
कोई चुपचाप आया है—
चुप नालों टुँटिआ चुप दा हिस्सा
किरन नालों टुँटिया किरन दा हिस्सा
इह इक कोई 'उह' है
जो बड़ी वार सँदण ते वी नहीं सी आया।
ते हुण मैं इकल्ली नहीं, मैं आपणे आप नाल खड़ी हां
शीशे दी सुराही विच मैं नज़रां दी शराब भरी है—
ते असी दोवें जाम पी रहे हां
उह टोस्ट दे रिहा है उहनां लफजां दे
जो सिर्फ़ छाती दे विच उगदे हन।
इह अर्थां दा जशन है—
मैं हां, उह है, ते शीशे दी सुराही विच नज़रां दी शराब है...

और पेड़ों पर आई अजीब पतझड़ भी देखी है
पतझड़—जो लफ़्ज़ों पर नहीं आती,
सिर्फ़ अर्थों पर आती है
दोस्तों के लफ़्ज़ अभी भी गुलाबी
बहार के फूलों की तरह
सिर्फ़ अर्थ झरते देख रही हूँ...
और भरे जंगल में मैं बिलकुल अकेली हूँ...
मैं हूँ, चुप है, एक किरण है, और शीशे की ख़ाली सुराही है

... ...

यह कैसी चुप है कि जिसमें पैरों की आहट शामिल है
कोई चुपके से आया है—
चुप से टूटा हुआ चुप का टुकड़ा
किरण से टूटा हुआ किरण का टुकड़ा
यह एक कोई 'वह' है
जो बहुत बार बुलाने पर भी नहीं आया था।
और अब मैं अकेली नहीं, मैं आप अपने संग खड़ी हूँ
शीशे की सुराही में नज़रों की शराब भरी है—
और हम दोनों जाम पी रहे हैं
वह टोस्ट दे रहा है उन लफ़्ज़ों के
जो सिर्फ़ छाती में उगते हैं।
यह अर्थों का जशन है—
मैं हूँ, वह है, और शीशे की सुराही में नज़रों की शराब है...

कुमारी

मैं तेरी सेज ते जद पैर धरिआ सी
मैं इक नहीं सां—दो सां
इक सालम व्याही ते इक सालम कुआरी...
सो तेरे भोग दी खातिर—
मैं उस कुआरी नूं कतल करना सी
मैं कतल कीता सी—
इह कतल जो कानूनन जायज़ हुंदे हन,
सिर्फ़ उन्हा दी जिल्लत नाजायज़ हुंदी है।
ते मैं उस ज़िल्लत दा ज़हर पीता सी
ते फिर प्रभात वेले—
इक लहू विच भिज्जे मैं आपणे हत्थ वेखे सन,
हत्थ धोते सन—
बिलकुल उस तरहां ज्यों होर मुशकी अंग धोणे सी।
पर ज्यों ही मैं शीशे दे साहमणे होई
उह साहमणे खलोती थी
उही, जो आपणी जाचे मैं राती क़तल कीती सी
ओ ख़ुदाया!
की सेज दा हनेरा बहुत गाढ़ा सी?
मैं किहनूं क़तल करना सी, ते किहनूं क़तल कर बैठी...

कँवारी

मैंने जब तेरी सेज पर पैर रखा था
मैं एक नहीं थी—दो थी
एक समूची ब्याही और एक समूची कँवारी...
तेरे भोग की ख़ातिर—
मुझे उस कँवारी को कत्ल करना था
मैंने क़त्ल किया था—
यह क़त्ल, जो कानूनन जायज़ होते हैं,
सिर्फ़ उनकी ज़िल्लत नाजायज़ होती है।
और मैंने उस ज़िल्लत का ज़हर पिया था
फिर सुबह के वक्त—
एक ख़ून में भीगे अपने हाथ देखे थे,
हाथ धोये थे—
बिलकुल उस तरह ज्यों और गँदले अंग धोने थे।
पर ज्योंही मैं शीशे के सामने आई
वह सामने खड़ी थी
वही, जो अपनी तरफ़ से मैंने रात क़त्ल की थी
ओ ख़ुदाया!
क्या सेज का अँधेरा बहुत गाढ़ा था?
मैंने किसे क़त्ल करना था और किसे क़त्ल कर बैठी...

ज़राबकतर

मैं दोस्ती दा ज़राबकतर पहन लीता है
ते नंगे बदन नूं हुण कुझ नहीं छोंहदा
ना दुश्मन दा हत्थ छोंहदा है।
ना मेरे दोस्त दीआं बाहवां छोह दीयां।
मैं दोस्ती दा ज़राबकतर पहन लीता है।
मैं खुश हां सिर्फ़ इह क्यों पुछदे हो मैनूं
कि कुझ खुशीयां एनीयां उदास क्यों हुंदीयां?
हुणे कुझ उडदीआं चिड़ीआं
मेरे मत्थे ते बैठ गईआं सन
शायद ज़राबकतर नूं—
इक रुक्ख दी हरिआवल समझ के
पर लोहे दे पत्तीआं तूं चुंझ मांरके—
उह हुणे चिचलाईआं सन,
ते मेरे मत्थे तों उड गईआं हन।
झल्लीयां चिड़ीयां...
ज़राबकतर वी भला कदे चिड़ीआं तों डरदा है?
पर शायद कोई चुंझ उन्हां मास ते वी मारी सी
मेरे मत्थे दा मास कुझ पीड़ जिहा करदा है
वक़्त ने अज गले विचों—हर कपड़ा उतार दित्ता है
कुल तिन जोड़े ही सन—
इक भूत दा, इक वर्तमान दा, ते इक भविंख दा

ज़राबकतर

मैंने दोस्ती का ज़राबकतर पहन लिया है
और नंगे बदन को अब कुछ नहीं छूता
न दुश्मन का हाथ छूता है
न मेरे दोस्त की बाँहें
मैंने दोस्ती का ज़राबकतर पहन लिया है
मैं ख़ुश हूँ, पर आप क्यों पूछते हैं
कि कुछ ख़ुशियाँ इतनी उदास क्यों होती हैं?
अभी कुछ उड़ती चिड़ियाँ
मेरे माथे पर बैठ गई थीं
शायद ज़राबकतर को—
एक पेड़ की हरियाली समझकर
पर लोहे के पत्तों को चोंच मारकर
वे अभी चिचियाईं थीं
और मेरे माथे से उड़ गई हैं।
बावरी चिड़ियाँ...
ज़राबकतर भी कभी चिड़ियों से डरा है?
पर शायद कोई चोंच मांस पर भी लगी थी
मेरे माथे का मांस कुछ दुखता सा लगता है
वक़्त ने अब गले से हर वस्त्र उतार दिया है
सिर्फ़ तीन जोड़े ही थे—
एक भूत का एक वर्तमान का और एक भविष्य का

ते शायद तिन्ने ही जोड़े बहुत मैले सन
ते नंगा वक़्त हुण कंध कोल खड़ा
कुझ शर्मिन्दा जिहा लगदा है
जां उस दी नंगी पिठ 'ते इह जो कुछ सिसकदा
इह मेरीआं अक्खां दा अकस है?
ते उसने आपणा नहीं, मेरा नंगेज पीता है?
पर मैं—मैं तां इस समें नंगा नहीं
मैं दोस्ती दा ज़राबकतर पहन लीता है...

और शायद तीनों ही जोड़े बहुत मैले थे
और नंगा वक़्त अब कोने में खड़ा
कुछ लजाया सा लगता है
या उसकी नंगी पीठ पर यह जो कुछ सिसकता है
यह मेरी आँखों का अक्स है?
या उसने अपनी नहीं मेरी नग्नता को पिया है?
पर मैं...मैं तो इस समय नग्न नहीं
मैंने दोस्ती का ज़राबकतर पहन लिया है...

मेरा पता

अज मैं आपणें घर दा नम्बर मिटाइआ है
ते गली दे मत्थे 'ते लग्गा गली दा नांउं हटाइआ है
ते हर सड़क दी दिशा दा नाउं पूंझ दित्ता है
पर जे तुसां मैंनूं ज़रूर लभँणा है
तां हर देस दे, हर शहर दी, हर गली दा बूहा ठकोरो
इह इक सराप है, इक वर है
ते जित्थे वी सुतंतर रूह दी झलक पवे
—समझणा उह मेरा घर है।

मेरा पता

आज मैंने अपने घर का नम्बर मिटाया है
और गली के माथे पर लगा गली का नाम हटाया है
और हर सड़क की दिशा का नाम पोंछ दिया है
पर अगर आपने मुझे ज़रूर पाना है
तो हर देश के, हर शहर की, हर गली का द्वार खटखटाओ
यह एक शाप है, एक वर है
और जहाँ भी आज़ाद रूह की झलक पड़े
—समझना वह मेरा घर है।

स्टिल लाइफ़

इह जलिआं वाला—
ते उस दी कंध विच, चुपचाप बैठे गोलीआं दे छेक।
इह साइबेरिया—
ते उस दी ज़मीन 'ते चीकां दे टुकड़े बर्फ विच जम्मे।
कान्सन्ट्रेशन कैम्प—
मनुक्खी मास दी हवाड़ भट्ठीआं दी राख विच सुत्ती।
इह करागुयेवाच—
जिहदी कुल वस्सों, इक पत्थर दे बुत विच सिमटी।
इह हीरोशिमा है—
जो इक गुट्ठे इक पाटे होये दस्तावेज़ वांग डिग्गा।
ते इह प्राग—
जो साह घुट्ट के अज सेंसर दी पीडी मुट्ठ विच बैठा।
हर चीज़ चुप ते अडोल है
सिर्फ़ मेरी छाती दे विचों इक उब्भा साह निकलदा
ते धरती दा हर टुकड़ा हिल्ल जिहा जांदा...

स्टिल लाइफ़

यह जलियाँवाला—
और उसकी दीवार में चुपके से बैठे गोलियों के छेद
यह साइबेरिया—
और उसकी ज़मीन पर चीख़ों के टुकड़े बर्फ़ में जमे
कान्सन्ट्रेशन कैम्प—
इंसानी मांस की गन्ध भट्टियों की राख में सोई
यह करागुयेवाच—
जिसकी कुल आबादी एक पत्थर के बुत में सिमटी
यह हीरोशिमा है—
जो एक कोने में एक फटे हुए दस्तावेज़ की तरह पड़ा है
और यह प्राग—
जो साँस रोके आज सैंसर की मुट्ठी में बैठा है।
हर चीज़ चुप और अडोल है
सिर्फ़ मेरी छाती में से एक गहरा साँस निकलता है
और धरती का हर टुकड़ा हिल-सा जाता है।

¿

हर सवाल बणिआ सी जवाब दे आधार 'ते
हर जवाब बणिआ सी सवाल दे आधार 'ते
आधार अज लभदा नही
ते इस लई धरती दे उत्ते—
हर सवाल उलटा खड़ा अज सीस आसन ला रिहा
—प्राणायाम कर रिहा।

¿

हर सवाल बना था जवाब के आधार पर
हर जवाब बना था सवाल के आधार पर
आधार अब मिलता नहीं
और इसलिए धरती के ऊपर—
हर सवाल उलटा खड़ा अब शीर्षासन कर रहा है।
—प्राणायाम कर रहा है।

मार्तिन लूथर किंग

तेरी बात मोई है
मैं उस दे कंब दे हत्थां
सुजीआं अक्खां
ते नीलिआं होठां दी गल्ल नही करदी
सिर्फ़ इह—
कि उसदी लाश नूं नुहाण लग्गिआं मैं वेखिआ
कि उस दे गर्भ विच इक नज़म सी...

मार्तिन लूथर किंग

तेरी बात मर गई है
मैं उसके काँपते हाथों
सूजी हुई आँखों
और नीले से होंठों की बात नहीं कहती
सिर्फ़ यह—
कि उसकी लाश को नहलाते हुए देखा
कि उसके गर्भ में एक नज़्म थी—

काज़ान ज़ाकिस

मैं ज़िन्दगी नूं इश्क कीता सी
पर ज़िन्दगी इक वेश्वा की तरहां
मेरे इश्क 'ते हसदी रही
ते मैं उदास इक नामुराद आशक
सोचां दे विच घुलदा रिहा...
पर जदों इस वेश्वा दा हासा
काग़ज़ 'ते उतारिआ
तां हर अखर दे विच्चों इक चीख़ निकली
ते ख़ुदा दा आसन किन्ना ही चिर हिलदा रिहा...

काज़ान ज़ाकिस

मैंने ज़िन्दगी को इश्क़ किया था
पर ज़िन्दगी एक वेश्या की तरह
मेरे इश्क़ पर हँसती रही
और मैं उदास एक नामुराद आशिक
सोचों में घुलता रहा...
पर जब इस वेश्या की हँसी
मैंने काग़ज़ पर उतारी
तो हर अक्षर के गले से एक चीख़ निकली
और ख़ुदा का तख़्त कितनी ही देर हिलता रहा

ज्यां जैने

इक खड्ड वरगी कुक्ख सी
ते लोक आखदे कि खड्डां 'चों बाहर आउणां ग़ैरक़ानूनी है
सो उन्हां दे क़ानून दी राखी लई
मैं मुड़के कड्ड विच डिग्गणा सी।
बहुत लब्भी
पर पहली खड्ड किते ना लब्भी
सो जिहड़ी वी लब्भी, मैं छाल मार दित्ती
पर फेर वी इह पुलिस मेरे पिछे क्यों पई है?

ज्यां जैने

एक खाई जैसी कोख थी
लोग कहते थे कि खाइयों से बाहर आना ग़ैरक़ानूनी है
सो उनके क़ानून की रक्षा कीजिए
मैंने फिर से खाई में गिरना था।
बहुत ढूँढ़ी—
पर वह पहली खाई कहीं न मिली
सो जो भी मिली—मैं उसी में कूद पड़ा
पर फिर भी यह पुलिस मेरे पीछे क्यों लगी है

इमरोज़ चित्रकार

मेरे साहमणे—ईज़ल दे उत्ते, इक कैनवस पई है
कुझ इंज जापदा—
कि कैनवस ते लग्गा रंग दा टोटा
इक लाल टाकी बण के हिलदा है
ते हर इंसान दे अन्दर दा पशू
इक सिंग चुकदा है।
सिंग तणदा है—
ते हर कूचा गली बाज़ार इक 'रिंग' बणदा है
ते मेरीआं पंजाबी रगां विच इक स्पेनी रवायत खौलदी
गोया दी मिथ—बुल फ़ाइटिंग—टिल डैथ...

इमरोज़ चित्रकार

मेरे सामने—ईज़ल पर एक कैनवस पड़ी है
कुछ इस तरह लगता है—
कि कैनवस पर लगा रंग का टुकड़ा
　　　　एक लाल कपड़ा बनकर हिलता है
और हर इंसान के अन्दर का पशु
एक सींग उठाता है।
सींग तनता है—
और हर कूचा गली बाज़ार एक 'रिंग' बनता है
मेरी पंजाबी रगों में एक स्पेनी परम्परा खौलती
गोया की मिथ—बुल फ़ाइटिंग—टिल डैथ...

सोभासिंह चित्रकार

हनेरे दे समुन्दर विच मैं जाल पाइआ सी
कुझ किरनां—कुझ मच्छीआं—पकड़न लई
कि जाल विच पूरे दा पूरा सूरज आ गिआ
ते जिसदे वज़न सदका—
हुण जाल वी डुबदा पिआ ते मेरी बांह वी...

सोभासिंह चित्रकार

अँधेरे के सागर में मैंने जाल डाला था
कुछ किरणें कुछ मछलियाँ पकड़ने के लिए
कि जाल में पूरे का पूरा सूरज आ गया
और जिसके वज़न से—
अब जाल भी है डूब रहा और मेरी बाँह भी

हैनरी मिलर

वर्तमान इक उबले होए अंडे दे वांग है
लोक इस नूं वेखदे ते बहसदे
फेर झंडे झुलांदे, ते आंहदे—
कि इस अंडे दे विच्चों भविंख दा चूचा जरूर निकलेगा
इह वी इक वल्ल है,
ते मैंनूं रोज़ खिझ के पुछदे हन—
कि इहदे विच हस्सण दी किहड़ी गल्ल है?

हैनरी मिलर

वर्तमान एक उबले हुए अंडे की तरह है
लोग इसे देखते और बहस करते हैं
फिर झंडे झुलाते हैं और कहते हैं—
कि इस अंडे से भविष्य का चूज़ा ज़रूर निकलेगा,
यह हमारी चाहत है!
और रोज़ खीझकर पूछते हैं—
कि इसमें हँसने की कौन-सी बात है?

अमृता प्रीतम

इक दर्द सी—
जो सिगरट दी तरहां मैं चुपचाप पीता है
सिर्फ़ कुझ नज़मां हन—
जो सिगरट दे नालों मैं राख वांगण झाड़ीआं...

अमृता प्रीतम

एक दर्द था—
जो सिगरेट की तरह मैंने चुपचाप पिया है
सिर्फ़ कुछ नज़्में हैं—
जो सिगरेट से मैंने राख की तरह झाड़ी हैं।

इक दृष्टिकोण

सूरज नूं सारे ख़ून माफ हन।
दुनीआं दे हर इंसान दा उह रोज़ 'इक दिन' कतल करदा है
ते हर इक उम्र दा इक टुकड़ा रो ज़िबाह हुंदा है
इंसान दे अखतिआर सिर्फ़ एना है—
कि ज़िबाह होय टुकड़े नूं उह घबरा के सुट देवे, ते डरे,
जां निडर उस नूं कबाब वांग भुन्ने, खावे,
ते साहवां दी शराब पींदा उह अगले टुकड़े दी उडीक करे...

एक दृष्टिकोण

सूरज को सारे ख़ून माफ़ हैं।
दुनिया के हर इंसान का वह रोज़ 'एक दिन' क़तल करता है
और हर एक उम्र का एक टुकड़ा रोज़ ज़िबह होता है
इंसान के इख्तियार में सिर्फ़ इतना है—
कि ज़िबह हुए टुकड़े को वह घबरा के फेंक दे, और डरे,
या निडर उसे कबाब की तरह भूने, खाये
और साँसों की शराब पीता वह अगले टुकड़े की इंतज़ार करे...

आत्ममिलन

मेरी सेज हाज़र है
पर जुत्ती ते कमीज़ वांगण
तूं अपणा बदन वी उतार देह
परां मूढ़े 'ते रख देह
कोई खास गल्ल नहीं
इह आपणे आपणे देस दा रिवाज है।

आत्ममिलन

मेरी सेज हाज़िर है
पर जूते और कमीज़ की तरह
तू अपना बदन भी उतार दे
उधर मूढ़े पर रख दे
कोई ख़ास बात नहीं—
यह अपने अपने देश का रिवाज है।

विश्वास

इक अफ़वाह बड़ी काली
इक चामचिढ वांग मेरे कमरे 'च आई है
कंधा नूं टकरां मारदी
ते खुड्डां मारी आं ते सुरंगा लभदी
पर अखां दिआ कालीआं गलीआं
मैं हत्था दे नाल ढक लइआं हन
ते तेरे इश्क़ दा मैं कन्ना 'च रू दे लिआ है।

विश्वास

एक अफ़वाह बड़ी काली
एक चमगादड़ की तरह मेरे कमरे' में आई है
दीवारों से टकराती
और दरारें, सूराख और सुरंग ढूँढ़ती
पर आँखों की काली गलियाँ
मैंने हाथों से ढक ली हैं
और तेरे इश्क़ की मैंने कानों में रुई लगा ली है।

राजनीति

सुणीआ है कि राजनीति इक कलासिक है।
हीरो : बहुमुखी प्रतिभा दा मालिक—रोज़ अपणा नाम बदलदा
हीरोइन : हकूमत दी कुरसी—उही रहंदी है
एक्स्ट्रा : राजसभा ते लोकसभा दे मैंबर
फ़ाइनांसर : दिहाड़ीदार मजदूर, कामे, ते किसान
(फ़ाइनांस करदे नहीं, करवाये जांदे हन)
संसद : इनडोर शूटिंग दा स्थान
अखबारां : आउटडोर शूटिंग दा साधन
इह फ़िल्म मैं वेखी नहीं, सिर्फ़ सुणी है
क्योंकि सैंसर दा कहिणा है—'नाट फार अडल्ट्स।'

राजनीति

सुना है राजनीति एक क्लासिक फ़िल्म है
हीरो : बहुमुखी प्रतिभा का मालिक रोज़ अपना नाम बदलता
हीरोइन : हकूमत की कुर्सी वही रहती है
एक्स्ट्रा : राजसभा और लोकसभा के मेम्बर
फ़ाइनांसर : दिहाड़ी के मज़दूर, और खेतिहर
(फ़ाइनांस करते नहीं, करवाए जाते हैं)
संसद : इनडोर शूटिंग का स्थान
अख़बार : आउटडोर शूटिंग के साधन
यह फ़िल्म मैंने देखी नहीं सिर्फ़ सुनी है
क्योंकि सैंसर का कहना है—'नाट फ़ार अडल्ट्स।'

?

धरती—अत सुन्दर किताब
चन सूरज दी जिल्द वाली
पर ख़ुदाईआ! इह भुख, नंग, सहिम ते गुलामी
इह तेरी इबारत है?
—जां प्रूफां दीआं गलतीआं?

?

धरती—अति सुन्दर किताब
चाँद सूरज की जिल्द वाली
पर ख़ुदाया! यह दुख, भूख, सहम और ग़ुलामी
यह तेरी इबारत है?
—या प्रूफ़ों की ग़लतियाँ?

राज सत्ता

इक कारखाना जंग दा
रोज़ चिमनी दे विचों हउकिआं ते चीकां दा धुआं निकलदा
राज सत्ता इसे कारखाने विच तिआर हुंदी है।
लोक, मास दीआं गंडां—सिर्फ़ कच्चा माल हन
जो राजनीति दे वपारी समें तों खरीददे
ते कारखाने दी भट्टी 'ते सेकदे
रब्ब : मांस दीआं गंडां दा सिर्फ़ इक आढ़ती।

राज सत्ता

एक कारख़ाना जंग का
रोज़ चिमनी में से आहों, और चीख़ों का धुआँ निकलता
राज सत्ता इसी कारख़ाने में तैयार होती है
लोग—मांस की गठरियाँ—सिर्फ़ कच्चा माल हैं
जो राजनीति के व्यापारी समय से खरीदते
और कारख़ाने की भट्टी पर सेंकते
ईश्वर : मांस की गठरियों का सिर्फ़ एक आढ़ती।

भाषण

लफ़्ज़ जदों सोचां तो तलाक लैंदे हन
बाज़ार विच इक मंच उत्ते
उह माइक रख के बैठ जांदे हन।
जनता दीआं मंगा—कुआंरीआं धीआं
उह तकदे झांकदे
ते आशकाना अदा 'च मुसकरांदे हन
पर इन्हां बच्चीआं तूं डरना जां झकणां नहीं चाहीदा
ते ना कोई आस बंनणीं चाहीदी
क्योंकि इह लफ़्ज़ वी ते इन्हां नूं उचारदे इह होठ वी—
—सभ... होमो... हन...

भाषण

लफ़्ज़ जब सोचों से तलाक़ लेते हैं
बाज़ार में एक मंच पर
वह माइक रखकर बैठ जाते हैं।
जनता की माँगें—कँवारी बेटियाँ
वे ताकते-झाँकते
और आशिकाना अदा में मुसकराते हैं
पर इन बच्चियों को डरना या झिझकना न चाहिए
और न कोई आस बाँधनी चाहिए
क्योंकि यह शब्द भी, और उन्हें उच्चारते यह होंठ भी
—सब... होमो... हैं...

बस्ती

असी—खंघ, धुआं, मच्छर, मक्खीआं, ते जुआं
ते कूड़े दा ढेर, ते हड्डीआं दे पिंजर
सारे प्रोटैस्ट करदे हां
ते दसदे हां कि सानूं इह बसती अलाट होई है
कुझ सुपनीआं ने रात नूं झुग्गीआं बणाईआं हन
इह झुग्गीआं उठाओ, क्योंकि इह 'अनआथोराइज़्ड' हन

बस्ती

हम, खाँसी, धुआँ, मच्छर, मक्खियाँ और जुएँ
और कूड़े का ढेर, और हड्डियों के पिंजर
सब प्रोटैस्ट करते हैं
और बताते हैं हमें यह बस्ती अलाट हुई है
कुछ सपनों ने रात को झुग्गियाँ बनाई हैं
यह झुग्गियाँ उठाओ क्योंकि यह 'अनआथोराइज़्ड' हैं।

डेढ़ घंटे दी मुलाक़ात

डेढ़ घंटे दी मुलाक़ात
ज्यों बदल दा इक टोटा
अज सूरज दे नाल टांकीआ,
उधेड़ लत्थी हां,
पर कुझ नही बणदा, ते जापदा
कि सूरज दे लाल झग्गे विच
इक बदल किसे उणीआ है।

डेढ़ घंटे दी मुलाक़ात
अज साहमणे उस चौक विच
इक सन्तरी वांग खड़ी
ते मेरीआं सोचां दा लांघा
उस हत्थ दे के रोक दित्ता है
जाणे ख़ुदा कि मैं की आखीआ सी
ते जाणे ख़ुदा तूं की सुणीआ है

डेढ़ घंटे दी मुलाक़ात
सोचदी हां आदिवासी औरत दी तरहां
मैं इक चिलम बाल लां
ते डेढ़ घंटे दा तम्बाकू
इक अग्ग दे विच रखके मैं पी लवां

डेढ़ घंटे की मुलाक़ात

डेढ़ घंटे की मुलाक़ात
जैसे बादल का एक टुकड़ा
आज सूरज के साथ टाँका,
उधेड़ हारी हूँ
पर कुछ नहीं बनता, और लगता है—
कि सूरज के लाल कुर्ते में
यह बादल किसी ने बुन दिया है।

डेढ घंटे की मुलाक़ात
सामने उस चौक में
एक सन्तरी की तरह खड़ी
और मेरी सोचों का गुज़रना
उसने हाथ देकर रोक दिया
जाने ख़ुदा मैंने क्या कहा था
और जाने ख़ुदा तूने क्या सुन लिया।

डेढ़ घंटे की मुलाक़ात
सोचती हूँ आधी बासी औरत की तरह
मैं एक चिलम सुलगा लूँ
और डेढ़ घंटे का तम्बाकू
इस आग में रखकर पी लूँ

एस तो पहलां कि मेरी सोच घबराये
ते गलत मोड़ परत जावे
एस तो पहलां कि बदल नूं लांहदीआं
इह सूरज ही पाट जावे
एस तो पहलां कि मुलाक़ात दा चेता
इक नफ़रत 'च बदल जावे

डेढ़ घंटे दा धुआं
कुझ मैं पी लवां कुझ पौण पी लवे
एस तो पहलां कि इस दा हरफ
मेरी जां तेरी ज़बान 'ते आवे
एस तो पहलां कि मेरा जां तेरा कंन
इस दे ज़िकर नूं सुणे

ते एस तो पहलां कि मर्द
औरत ज़ात दी तौहीन बण जावे
ते एस तो पहलां कि औरत
मर्द ज़ात दी हत्तक दा कारन बणे
एस तो पहलां... एस तो पहलां...

इससे पहले कि मेरी सोच घबराये
और ग़लत मोड़ पर मुड़ जाए
इससे पहले कि बादल को उतारते
यह सूरज टूट जाए
इससे पहले कि मुलाक़ात की याद
एक नफ़रत में बदल जाए

डेढ़ घंटे का धुआँ
कुछ मैं पी लूँ कुछ पवन पी ले
इससे पहले कि इसका लफ़्ज़
मेरी या तेरी ज़बान पर आए
इससे पहले कि मेरा या तेरा कान
इसके ज़िक्र को सुने

और इससे पहले कि मर्द—
औरत ज़ात की तौहीन बन जाए
और इससे पहले कि औरत—
मर्द ज़ात की हतक का कारण बने
इससे पहले...इससे पहले...

हैंगओवर

सब अखबारां दीआं कतरनां—
अज खाली बोतलां दी तरहां ढहिक रहीआं हन।
मेरा संघ सुकदा पिआ
ते सारी जान इंज किरदी पई
जिउं कल रात पीते सुपनीआं दा हैंगओवर है...

हैंगओवर

सब अखबारों की कतरनें—
आज खाली बोतलों की तरह औंधी पड़ी हैं।
मेरा गला सूख रहा है
और सारी देह इस तरह टूट रही है
जैसे कल रात पिये सपनों का हैंगओवर है...

बंगला देश : दो कविताएँ

[1]

अज इक दस्तरख़ान ते है ज़िन्दगी दी दावत
ते इक दस्तरख़ान ते है मौत दी दावत
सत्ता दी इको शर्त है
सिआसत दा इको हुक्म
कि मुअजज़ मेहमानो! शौक फरमाओ!
ज़िन्दगी दे दस्तरख़ान नूं सजाओ।
पर पहला निवाला मौत दे हत्थों!
ते पहला पिआला मौत दे हत्थों।

[2]

अज दी खबर—
कि सानूं इस धरती दे उत्ते
इक तलिसमी खड्ड लभी है...
अज जो वी जहाज़ बारूद दा भरीआ
इस खड्ड तों लंघदा
उह खड्ड तों सलामत लंघ जांदा है
पर जो वी जहाज़ चीकां दा भरीआ
इस खड्ड तों लंघदा
इह खड्ड दे विच डिग पैंदा है।

बंगला देश : दो कविताएँ

[1]

आज एक दस्तरख़ान पर है ज़िन्दगी की दावत
और एक दस्तरख़ान पर है मौत की दावत
सत्ता की एक शर्त है
सियासत का एक हुक्म
कि मोअज्जिज़ मेहमानो शौक़ फरमाइए!
और ज़िन्दगी के दस्तरख़ान को सजाइए!
पर पहला निवाला मौत के हाथों!
और पहला प्याला मौत के हाथों!

[2]

आज की ख़बर—
कि हमने इस धरती पर
एक तिलिस्मी खाई ढूँढी है
जो भी जहाज़ बारूद से भरा
इस खाई पर से गुज़रता है
वह खाई से सलामत गुज़र जाता है,
और जो भी जहाज़ चीख़ों से भरा
इस खाई पर से गुज़रता है
वह इसी खाई में गिर जाता है...

ज़िन्दगी

छे कदम पूरे ते इक अद्धा
जेल दी इक कोठड़ी
कि बन्दा बैठ-उठ सके
ते निसल वी हो लवे।

'रब्ब' दी इक बही रोटी
'सब्र' दा बक्कल सलूणा
चाहवें तां रज पुजके
उह दोवें डंग खा लवे।

ते जेल दे हाते दी गुट्ठे
इक छप्पड़ 'ज्ञान' दा
कि बन्दा हत्थ मुंह धोवे
(ते कुझ मच्छर नतार के)
उह बुक भरके पी लवे

रूह दा इक ज़ख़म
बड़ा आम रोग है

ज़ख़म दे नंगेज़ तों
जे बहुत शर्म आवे

ज़िन्दगी

छह क़दम पूरे और एक आधा
जेल की एक कोठरी
कि इंसान बैठ-उठ सके
और आराम से सो भी सके।

'ईश्वर' एक बासी रोटी
'सब्र' अधपका सालन
चाहे तो जी भरकर
वह दोनों जून खा ले।

और जेल के अहाते में
एक जोहड़ 'ज्ञान' का
कि इंसान हाथ-मुँह धो ले
(और कुछ मच्छर छानकर)
वह अँजुली भर पी ले।

रूह का एक ज़ख़्म
एक आम रोग है।

ज़ख़्म की नग्नता से
जो बहुत शर्म आए

तां सुपने दा टोटा पाड़के
उह ज़ख़म उत्ते दे लवे।

इस जेल दी इह बात
कोई कदे ना करदा
ते कोई कदे ना कहिंदा—
कि दुनिया दी हर बगावत
इक ताप वांग चढ़दी
ताप चढ़के ते उतर जांदे।

पर जे कदे इंसान नूं
आस दा कैंसर ना हुंदा...

तो सपने का टुकड़ा फाड़कर
उस ज़ख़्म को ढाँप ले।

इस जेल की यह बात
कोई कभी न करता
और कोई कभी न कहता
कि दुनिया की हर बगावत
एक ज्वर की तरह चढ़ती
ज्वर चढ़ते और उतर जाते—

अगर कभी इंसान को
आशा का कैंसर न होता...

तमग़े

बहादुर लोग मेरे देस दे
बहादुर लोग तेरे देस दे
इह सारे मरन मारन जाणदे
सिरां नूं वारन जाणदे
सिर्फ़ इक गल्ल वखरी है—
कि सिर कदे आपणा नहीं हुंदा।

इंसान दी इक लाश हुंदी है
पर ख़ुदा दी लाश नहीं हुंदी
ते जदों वी इंसान विचले
रब्ब दा टुकड़ा मरे
उस दी कदे बदबू नहीं अउंदी

महबूब किसे दा कोई नहीं
बिलकुल रकीब दा खतरा नहीं
ते ना ही खतरा किसे दर्द दा
सिर्फ़ जिहड़ी लीक वड्डी है

उह इहना दा अपमान करदी है
इह लीक मेट दे, कि लीक जो—
सरबत्त दे मेपे नहीं अउंदी

तमग़े

बहादुर लोग मेरे देश के
बहादुर लोग तेरे देश के
यह कभी मरना-मारना जानते हैं
सिरों को वारना जानते हैं
सिर्फ़ यह बात और है—
कि सिर कभी अपना नहीं होता

इंसान की एक लाश होती है
पर ख़ुदा की लाश नहीं होती
और जब भी इंसान के भीतरी
ख़ुदा का टुकड़ा मरे
उसकी कभी बदबू नहीं आती।

महबूब किसी का कोई नहीं
बिलकुल रक़ीब का ख़तरा नहीं
और न ही ख़तरा किसी दर्द का
सिर्फ़ जो लकीर बड़ी है

वह इनका अपमान करती है
यह लकीर को मिटाते, कि लकीर
सबके नाप की नहीं होती

सो सारी जित्त वी निर्विघ्न है
ते सारा जशन वी निर्विघ्न है

वक़्त मुसकरा रिहा है—
ते इन्हां दी छाती ते ला रिहा है
निपुंसक बहादुरी दे कई तमग़े...

सो पूरी विजय में निर्विघ्न है
और पूरा जश्न भी निर्विघ्न है

वक़्त मुस्करा रहा है—
और इनकी छाती पर लगा रहा है
नपुंसक बहादुरी के कई तमग़े...

इक सोच

भारत दीआं गलीआं विच भटकदी हवा
चुल्हे दी बुझदी अग्ग फोलदी
हुदारे अन्न दी इक बुरकी तोड़दी
ते गोडीआं 'ते हत्थ रख के फेर उठदी है...

चीन दे पीले ते ज़र्द होठां दे फलहे
अज विलक के इक वाज देंदे हन
उह जांदी ते हर इक संघ विच सुकदी
ते फेर चीक मारके उह वीअतनाम विच डिगदी है...

मसाण घरां 'चों बड़ीआं हवाड़ा औदीआं
ते समुन्दरों पार बैठे—मसाण घरां दे वारिस
बारूद दी हवाड़ नूं शराब दी हवाड़ विच भिउंदे हन।

बिलकुल उस तरहां, जिस तरहां—
            कि मसाण घरां दे दूसरे वारिस
मुख दी हवाड़ नूं तकदीर दी हवाड़ विच भिउंदे हन
ते लोकां दे दुख दी हवाड़ नूं
            तकरीर दी हवाड़ विच भिउंदे हन।

ते इज़राइल दी सजरी मिट्टी
जा पुराणी रेत अख दी जो लहू विच भिजदी है

एक सोच

भारत की गलियों में भटकती हवा
चूल्हे की बुझती आग को कुरेदती
उधार लिये अन्न का एक ग्रास तोड़ती
और घुटनों पे हाथ रख के फिर उठती है...

चीन के पीले औ ज़र्द होंठों के छाले
आज बिलख कर एक आवाज़ देते हैं
वह जाती और हर एक गले में सूखती
और चीख़ मारकर वह वियतनाम में गिरती है...

श्मशान घरों में से एक गन्ध सी आती
और सागर पार बैठे—श्मशान घरों के वारिस
बारूद की इस गन्ध को शराब की गन्ध में भिगोते हैं।

बिलकुल उस तरह, जिस तरह—
          कि श्मशान घरों के दूसरे वारिस
भूख की एक गन्ध को तकदीर की गन्ध में भिगोते हैं
और लोगों के दुखों की गन्ध को—
          तकरीर की गन्ध में भिगोते हैं।

और इज़राइल की नई सी माटी
या पुरानी रेत अरब की जो ख़ून में है भीगती

ते जिस दी हवाड़—खामखाह शहादत दे जाम विच डुबदी है...
छाती दीआं गलीआं विच भटकदी हवा
इह सभे हवाड़ा सुंघदी ते सोचदी—
कि धरती दे घरों सूतक दी महक कदों आवेगी?
कोई इड़ा—किसे मत्थे दी नाड़
—कदों गर्भवती होवेगी
गुलाबी मास दा सुपना—
अज सदीआं दे ज्ञान तो वीर्य दी बूंद मंगदा...

और जिसकी गन्ध—ख़ामख़ाह शहादत के जाम में है डूबती...
छाती की गलियों में भटकती हवा
यह सभी गन्धें सूँघती और सोचती—
कि धरती के आँगन से सूतक की महक कब आएगी?
कोई इड़ा—किसी माथे की नाड़ी
—कब गर्भवती होगी?
गुलाबी मांस का सपना—
आज सदियों के ज्ञान से वीर्य की बूँद माँगता...

शहर

मिरा शहर इक लम्बी बहिस वरगा है
सड़कां—बेतुकीआं दलीलां दी तरह
ते गलीआं इस तरह—
जिउं इको गल्ल नूं कोई इधर घसीटदा कोई उधर

हर मकान इक मुठ वांगु वटीआ होईआ
कंधा कची चीआं वांगु
ते नालीआं, जिउं मूहां 'चो झग वगदी है

एह बहिस खौरे सूरज तों शुरू होई सी
जु उस नूं वेख के होर गरम हुंदी
ते हर बूहे दे मुंह 'चों—
फिर साइकलां 'ते सकूटरां दे पहिए
गाहलां दी तरह निकलदे
ते घंटीआं ते हार्न इक दूजे 'ते झपटदे

जिहड़ा वी बाल इस शहर विच जमदा
पुछदा कि किहड़ी गल्ल तों एह बहिस हो रही?
फिर उसदा सवाल ही इक बहिस बणदा
बहिस विचों निकलदा बहिस विच रलदा

शहर

मेरा शहर एक लम्बी बहस की तरह
सड़कें—बेतुकी दलीलों सी
और गलियाँ इस तरह—
जैसे एक बात को कोई इधर घसीटे कोई उधर

हर मकान एक मुट्ठी सा भिंचा हुआ
दीवारें... किचकिचाती सी
और नालियाँ, ज्यों मुँह से झाग बहती है

यह बहस जाने सूरज से शुरू हुई थी
जो उसे देखकर यह और गरमाती
और हर द्वार के मुँह से
फिर साइकिलों और स्कूटरों के पहिए
गालियों की तरह निकलते
और घंटियाँ हार्न एक दूसरे पर झपटते

जो भी बच्चा इस शहर में जनमता
पूछता कि किस बात पर? यह बहस हो रही है?
फिर उसका प्रश्न भी एक बहस बनता
बहस से निकलता बहस में मिलता

संखा घड़ियालां दे साह सुक्के
रात अउंदी, सिर खपांदी ते चली जांदी
पर नींदर दे विचवी इह बहिस न मुक्के
मिरा शहर इक लम्बी बहिस वरगा है...

शंख घंटों के श्वास सूखे
रात आती, सिर पटकती और चली जाती
पर नींद में भी बहस ख़त्म न होती
मेरा शहर एक लम्बी बहस की तरह...

इक ख़त

मैं—इक परछत्ती 'ते पई पुस्तक।
शाइद साध-बचन हां, जां भजन माला हां,
जां काम सूत्र दा इक कांड,
जो कुझ आसण 'ते गुप्त रोगां दे टोटके,
पर जापदा—मैं इन्हां विचों कुझ वी नहीं।
(कुझ हुंदी तां जरूर कोई पढ़दा)

ते जापदा इक क्रान्तिकारीआं दी सभा होई सी
ते सभा विच जो मता पास होईआ सी
मैं उसे दी इक हथ लिखतकापी हां।
ते फेर उत्तों पुलिस दा छापा
ते कुझ पास होईआ सी, कदे लागू न होइआ
सिर्फ़ 'कारवाई' खातर सांभ के रखिआ गिआ।

ते हुण सिर्फ़ कुझ चिड़ीआं अउंदीआं
चुझ विच तीले लिअउंदीआं
ते मेरे बदन उत्ते बैठ के
उह दूसरी पीढ़ी दा फिकर करदीआं।
(दूसरी पीढ़ी दा फिकर किन्ना हसीन फिकर है)!
पर किसे उपराले लई चिड़िआं दे खम्ब हुंदे हन
ते किसे मते दा कोई खम्ब नहीं हुंदा।
(जां किसे मते दी कोई दूसरी पीढ़ी नही हुंदी?)

एक ख़त

मैं—एक आले में पड़ी पुस्तक।
शायद सन्त-वचन हूँ, या भजन माला हूँ,
या काम-सूत्र का एक काण्ड,
या कुछ आसन, और गुप्त रोगों के टोटके
पर लगता है मैं इनमें से कुछ भी नहीं।
(कुछ होती तो जरूर कोई पढ़ता)

और लगता—कि क्रान्तिकारियों की सभा हुई थी
और सभा में जो प्रस्ताव रखा गया
मैं उसी की एक प्रतिलिपि हूँ
और फिर पुलिस का छापा
और जो पास हुआ कभी लागू न हुआ
सिर्फ़ कार्रवाई की ख़ातिर सँभाल कर रखा गया।

और अब सिर्फ़ कुछ चिड़ियाँ आती हैं
चोंच में कुछ तिनके लाती हैं
और मेरे बदन पर बैठकर
वह दूसरी पीढ़ी की फिकर करती हैं
(दूसरी पीढ़ी का फिकर कितना हसीन फिकर है!)
पर किसी भी यत्न के लिए चिड़ियों के पंख होते हैं,
पर किसी प्रस्तात्र का कोई पंख नहीं होता।
(या किसी प्रस्ताव की कोई दूसरी पीढ़ी नहीं होती?)

सिर्फ़ कदे सोचदी हां सुंघ के वेखां
कि मेरा भविख कित्थे है?
ते एस फिकर विच मेरी कुझ जिल्द लहिदी है,
पर जदों वी कुझ सुंघणा चाहवां
सिर्फ़ विठां दी हवाड़ अउंदी है...
ओ मेरी धरती दे भविख
मैं—तेरी वर्तमान दशा!

सिर्फ़ कभी सोचती हूँ कि सूँघकर देखूँ
कि मेरा भविष्य कहाँ है?
और इस फिकर में मेरी कुछ ज़िल्द उतरती है
पर जब भी कुछ सूँघना चाहूँ
सिर्फ़ बीटों की गन्ध आती है...
ओ मेरी धरती के भविष्य!
मैं—तेरी वर्तमान दशा!

इन्दिरा जी

अज इक रात—
सूरज नूं लभण तुरी है...
मैं इकल्ली इक दुआ बण के—
इस राह उत्ते खड़ी सां
कि घड़ी कु मेरे मत्थे दी अग्ग सेक के
उह हनेरे दा गुनाह बख्शे!
इह किहा चमत्कार है!
कि करोड़ां हत्थ उठे हन
ते उन्हां मेरे नाल रल के इह दुआ मंगी है!
अज इक रात मेरे अंगां 'चों लंघी है...

इन्दिरा जी

आज एक रात—
सूरज को ढूँढ़ने चली है...
मैं अकेली एक दुआ बनकर—
इस राह पर खड़ी थी
कि पल भर मेरे माथे की आग सेंककर
वह अँधेरे का गुनाह बख़्शे!
यह कैसा चमत्कार है!
कि करोड़ों हाथ उठे हैं
और उन्होंने मेरे साथ मिलकर यह दुआ माँगी है।
आज एक रात मेरे अंगों से गुज़री है...

अक्खर

इक पत्थरां दा नगर सी—
सूरज वंश दे पत्थर
ते चन्द्र वंश दे पत्थर
उस नगर विच रहंदे सन...

ते कहंदे सन—
कि जुलमी राजिआं दा राज सी
ना राजिआं दे कन सन
ना प्रजा दी 'वाज' सी

ते ताहीउं—
उह लोक जद रोये सन
पत्थर दे होय सन

पत्थर दे देवता
पत्थर दे पुजारी
ते वसल अंग न छोंहदा
ते बिरहा भंग न हुंदा...

ते पत्थरां दे नगर विच
सूरज दा घोड़ा हिणकदा

अक्षर

एक पत्थरों का नगर था—
सूर्य वंश के पत्थर
चन्द्र वंश के पत्थर
उस नगर में रहते थे

और कहते हैं—
जुलमी राजाओं का राज था
ना राजाओं के कान थे
ना प्रजा की आवाज़ थी

और तभी—
वह लोग जब रोये थे
पत्थर के हुए थे

पत्थर के देवता
पत्थर के पुजारी
औ मिलन अंग न छूता
और बिरहा भंग न होता...

पत्थर के नगर में
सूर्य का घोड़ा हिनकता

पत्थरां ते पैर पटकदा
बदलां दे हाथी चिंघाड़दे
पत्थरां नूं पैरों उखाड़दे
रातां दा हनेरा शूकदा
पत्थरां ते कुंडली मारदा
ते उत्तों हाकमां दे हुक्म
दफा इक सौ चुताली...

ते पत्थर सहम के बहिंदे
जद दिलां दी गुट्ठे
तां छाती दे हरख वांग
कोई पीला फुल पत्तर
जा सावे घाह दा तीला
इक पत्थर 'चों फुट्ट
जिऊं कंप के इक रिखी दी
तपस्या टुट्टे...

जिन्द बुझदी ते जगदी सी
ते इंज—पत्थरां दे नगर विच
पत्थरां दी वंश वधदी सी...

इक सी शिला
ते इक सी पत्थर
ते उन्हां दा उस नगर विच
संजोग लिखीआ सी—
ते उन्हां ने रल के
इक वरजत फल चखिआ सी
मैं हाले वी बैठां
तां इक ख्याल अउंदा है
कि मैं वी जे हुंदी इक हरी पत्ती

पत्थर पर पैर पटकता
बादलों के हाथी चिंघाड़ते
पत्थरों को पैरों से उखाड़ते
रातों का अँधेरा फुंकारता
पत्थरों पर कुण्डली मारता
और तब हाकिमों के हुक्म
दफा एक सौ चवालीस...

और पत्थर सहम के बैठते
जब दिलों के कोने में
तो छाती के हर्ष सा
कोई पीला पुष्प-पत्र
या हरित घास का त्रण
एक पत्थर से फूटे
ज्यों काँपकर एक ऋषि की
तपस्या टूटे...

जीवन बुझता और जलता था
और ऐसे—पत्थरों के नगर में
पत्थरों का वंश बढ़ता था...

एक थी शिला
एक था पत्थर
उनका उस नगर में
संयोग लिखा था—
उन्होंने मिलकर
एक वर्जित फल चखा था
मैं अब भी बैठूँ—
तो एक ख़याल आता है
कि मैं भी जो होती एक हरी पत्ती

उन्हां दे पिंडे दा हउका—
इक सावीं करूंबल
तां उन्हां दी छाती मैंनूं नसीब हुंदी,
सूरज दा घोड़ा हिणकदा
बदलां दे हाथी चिंघाड़दे
ते राता दे सप
ते राजिआं दे हुक्म शूकदे
पर उन्हां दे ओहले
मैं निसल बैठ जाती
ते किसे—
ममता दी त्रेड़ विच लुकी रहंदी...
पर उह खौरे चकमाक पत्थर सन
जे मैले आसमान दे हेठां
ते मैली धरन दे उत्ते
इक पत्थरां दी सेज ते सुत्ते,
ते पत्थरां दी रगड़ विचों
मैं अग्ग वांग जंमी
—अग्ग दी रूते

पिंडे 'चो अग्ग जंमी
तां पत्थर वी कंबिआ
ते शिला वी कंबी
फेर पिंडे दी अग्ग
उन्हां झोली विच पाई,
ते धुएं दी गुड़ती
अग्ग नूं चटाई
हसे तां हसे
इक पौणा दी दाई
रोये तां रोये
जिहने कुख विचों जाई :

उनके तन का नि:श्वास—
एक हरी कोंपल
तो उनकी छाती मुझे नसीब होती।
सूरज का घोड़ा हिनकता
बादलों के हाथी चिंघाड़ते
और रातों के सर्प
राजाओं के हुक्म फुंकारते
पर उनकी ओट में
मैं सहज ही बैठ जाती
और किसी—
ममता की दरार में छुपी रहती...
पर शायद वह चकमक पत्थर थे
जो मैले आसमान के नीचे
मैली धरती के ऊपर
एक पत्थरों की सेज पर सोते।
और पत्थरों की रगड़ में से
मैं आग सरीखी जनमी
—आग की ऋतु में

देह से आग जनमी
तो पत्थर भी काँपा
और शिला भी काँपी
फिर देह की आग
उन्होंने आँचल में डाली,
और धुएँ की घुट्टी
आग को चटाई
हँसी तो हँसी
एक पवनों की दाई
रोये तो रोये
जिसने कोख से जाई :

"पत्थरां दी झोली
अग्ग न खेडे
पत्थरां दे दुख
हुंदे पत्थरां जेडे,
पत्थरां दी जीभे
पत्थरां दे छाले
असी धरती दे हवाले
तू पौणां दे हवाले..."
फेर सुन्न दा आलम
ते उन्हां कुझ ना आखिआं
अंखिआं मीटण तो पहलां
शायद इह वी ना वेखिआ
कि इक जमदी अग्ग ने
इक लंब दा हउका लिआ...

अग्ग ते होठां ते लिखिआ
इक लंबा जिहा हउका
ते अग्ग दे हडां च हुंदा
इक धुआं ही धुआं

इह वगदियां पौणां
मैंनूं जित्थे वी खड़दिआं
तत्तीआं सुआहवां
मेरे पिंडे तो झड़दिआं—
ते रोज़ मेरी उम्र दा
जिहड़ा वी दिहुं चढ़दा
मैं उस नूं अंग लांदी
तो उहीओ राख हुंदा...
मैं सोचदी—
की धुएं दी लीक वांगु

"पत्थरों की गोद में
आँगन में खेले
पत्थरों के दुख
होते पत्थरों सरीखे,
पत्थरों की जीभ पर
पत्थरों के छाले
हम धरती के हवाले
तू पवन के हवाले..."
फिर शून्य का आलम
औ उन्होंने कुछ न कहा
आँखें मूँदने से पहले
शायद यह भी न देखा
कि एक जनमती आग ने
एक लपट-सा साँस लिया...

आग के होंठों पर लिखीं
लम्बी-सी साँसें
और आग की हड्डियों में होते
धुएँ ही धुएँ

यह बहती पवनें
मुझे जहाँ भी ले जातीं
गर्म गर्म राख
मेरे तन से झरती...
और रोज़ मेरी उम्र का
जो भी दिन चढ़ता
मैं उसे अंग लगाती
तो वही वह राख होता...
मैं सोचती—
कि धुएँ की लकीर सी

मत्थे दी लीक कबदी है?
की मांवा दी कुख विचों
सिविआं दी अग्ग जमदी है?

मैं सिविआं दी अग्ग विच जलदी
ते सिविआं दी अग्ग वांग बलदी
पर कदे—
नींदर दा हनेरा इस तरह हुंदा
कि सुपनीआं दी नीली
इक लाट जिही निकलदी
तें जापदा—
कि सिविआं दी अग्ग,
अग्ग दा अपमान है
ते किसे सोहणी जां ससी
जां हीर विच्च जो अग्ग सी
मैंनूं उस दी पहचाण है...
ते इक सोच सी अउंदी
कि सिर्फ़ मड़ीआं दी अग्ग
अग्ग नहीं हुंदी
इह अग्ग दी तौहीन है,
ते जापदा—
कि पत्थरां दे नगर विच
जो वारिस ने अग्ग बाली सी
इह मेरी अग्ग वी
उसे दी जानशीन है...
अग्ग अग्ग दी वारिस...

पर पत्थरां दी नगरी
कोई अग्ग ना पाले
छातीआं दे चुल्ले

माथे की लकीर काँपती है?
क्या माँ की कोख से
चिता की आग जनमती है?

मैं चिता की आग में जलती
और चिता की आग सी जलती
पर कभी—
नींद का अँधेरा इस तरह होता
कि सपनों की नीली
लपट सी निकलती
और लगता—
कि चिता की आग,
आग का अपमान है
और किसी सोहनी या ससी
या हीर में जो आग थी
मुझे उसकी पहचान है...
और एक सोच सी आती
कि सिर्फ़ मरघट की आग
आग नहीं होती
यह आग की तौहीन है।
और लगता—
कि पत्थरों के नगर में
जो वारिस की आग थी
यह मेरी आग भी
उसी की जांनशीन है...
आग आग की वारिस...

पर पत्थरों की नगरी
कोई आग न पाले
छातियों के चूल्हे

कोई अग्ग ना बाले
मत्थिआं दी भट्टी
कोई अग्ग ना सेके
ते मेरी जीभ ते उठे
उस अग्ग दे छाले

उह पत्थरां दे नगर वाले—
आंहदे ते आंहदे
इस अग्ग नूं बुझावो
पावो ते पावो
किसे भोरे विच पावो
देवो ते देवो
नहुं संघी विच देवी
जावो ते जावो
इहनूं नदीए रूड़ावो...

इक पत्थरां दा नगर सी
पत्थरां दे कंडे
ते मां—वाहरी अग्ग दा
कोई सेक ना वंडे...

फर उहीओ हवा
जिहने झोली 'च खिडाइआ
ते जिहने मेरी मां दी
मां दी मां नूं जाइआ
कितों दौड़ के आई
ते हत्थां दे विच
कुझ अक्खर लिआई
"इह निक्किआं कालिआं
लीकां ना जाणी

कोई आग न जलाये
माथों की भट्टी पर
कोई आग न सेंके
औ मेरी जीभ पर उठे
उस आग के छाले

वह पत्थरों के नगर वाले—
कहते और कहते
इस आग को बुझाओ
डालो और डालो
किसी भौंरे में छिपाओ
दो और दो
नाखून गले में दो
जाओ और जाओ
इसे नदी में बहाओ...

एक पत्थरों का नगर था
पत्थरों के किनारे
और मातृहीन आग का
कोई सेंक ना बाँटे...

फिर वही हवा
जिसने गोद में खिलाया
और जिसने मेरी माँ की
माँ की, माँ को जाया
कहीं से दौड़कर आई
और हाथों में
कुछ अक्षर से लाई
"यह छोटी काली
रेखा न जानना

इह लीकां दे गुच्छे
तेरी अग्ग दे हाणी
वेख! अक्खरां दा हुंदा
अग्ग दा जेरा,
अग्ग दा जेरा
अग्ग तों वडेरा!"

ते इक तरह कहिंदी
उह लंघ गई अग्गे
"तेरी अग्ग दी उमरां—
इन्हा अक्खरां नूं लगे!"

यह रेखाओं के गुच्छे
तेरी आग के साथी
देख! अक्षरों का होता
आग का जेरा,
आग का जेरा
आग से भी बड़ा"

और इस तरह कहती
वह गुज़र गई आगे
"तेरी आग की उमरिया—
इन अक्षरों को लागे!"

मेरे इतिहास दा इक पात्र (लेनिन दे नां!)

तूं—मेरे इतिहास दा किहो जिहा पातर?

मेरी कंध दे कैलंडर 'चों निकल के
तूं रोज़ उस दी तारीख बदलदा
ते मैंनूं इक नवें दिहं वांग मिलदा।

कैलंडर चो बाहर आ के—
तू सड़कां 'ते निकल तुरदा है—
तो इक धूप निकल अउंदी है।
ते जिथे वी जिहड़ी गुठ कूली है।
उह हरे पत्ती दी तराँ हसदी है,
ते जिथे वी जिहड़ी गुठ मैली है
उह शरमसार हुंदी है।

पर इह—जो तेरा सुभावक है
इतिहास दा असुभावक करम है।

इतिहास इक सुख दा साह लेंदा है
जद भूतकाल विच बैठदा
ते अंतां दा परेशान हुंदा है
जद वर्तमान नूं नजिठदा

मेरे इतिहास का एक पात्र (लेनिन के नाम!)

तू मेरे इतिहास का यह कैसा पात्र?

मेरी दीवार के कैलेंडर से निकलकर
तू रोज़ उसकी तारीख़ बदलता
और मुझे एक नये दिन की तरह मिलता।

कैलेंडर से बाहर आकर
तू सड़कों पर चल निकलता है
तो एक धूप निकल आती है,
और जहाँ भी कोई नर्म कोना है
वह हरे पत्ते की तरह हँसता है
और जहाँ भी कोई मैला सा टुकड़ा है
वही लजा जाता है।

पर यह—जो तेरा स्वाभाविक है
इतिहास का अस्वाभाविक कर्म है

इतिहास एक सुख की साँस लेता है
जब भूतकाल में वह बैठता
और बेहद परेशान होता है
जब वर्तमान से वह निबटता

सो इस इतिहास दी खातर—
मैं किन्नी वार तैनूं कैलंडर 'च कैद कीता है
ते उत्ते देशकाल दी इक मोहर लाई है
ते उत्ते कई इज़मां दे किल ठोके हन।

पर तूं—
मेरी कंध दे कैलंडर 'चों निकल के
फिर उस दी तारीख बदलदा
ते नवीं चिंता, नवीं झुकती, हत्थ विच लैके
तूं मैंनूं इक नवें दिहुं वांग मिलदा।

तेरी-इक नवें दिहुं दी—अज़मत
कि मेरी होंद दी इक छांवी गुठ ने
तिरी धुप दा इक बोल सुण लिया,
ते जो इतिहास दा असुभावक करम है
पर सुभावक है—
उह मेरा सुभावक बण गया...

सो इस इतिहास की ख़ातिर—
मैंने जब तुझे कैलेंडर में क़ैद किया है
और ऊपर देशकाल की मोहरें लगाई हैं
और ऊपर कई इज़्मों के कील गाड़े हैं

पर तू—
मेरी दीवार के कॅलेंडर से निकलकर
फिर उसकी तारीख़ बदलता
और नई चिन्ता, नई मुक्ति, हाथ में लेकर
तू मुझे एक नये दिन की तरह मिलता

तेरी—एक दिन की—अज़मत
कि मेरे अस्तित्व के एक सघन कोने ने
तेरी इस धूप का एक बोल सुन लिया
और जो इतिहास का अस्वाभाविक कर्म है
पर तेरा स्वाभाविक है—
वह मेरा स्वाभाविक बन गया...

माता तृप्ता दे नौं सुपने

तृप्ता त्रभक के जागी
लेफ नूं सवाहरियां कीता,
सूही संग जिहा पल्ला—
मोडियां ते लीता,

अपने मर्द वल तक्की,
फिर चिट्टे बिछोणे दे—
वट वांग झक्की,

ते कहिण लगी!
आज माघ दी राते
मैं नदिए पैर पाया

बड़ी ककरी राते—
इक नदी कोसी सी

गल अण होई
पाणी नूं अंग लाया
तां नदी दुध दी होई

कोई नदी करामाती
मैं दुध विच न्हाती

माता तृप्ता के नौ सपने

तृप्ता चौंक के जागी
लिहाफ को सँवारा,
लाल लज्जा सा आँचल—
            कन्धों पर ओढ़ा

अपने मर्द की तरफ़ देखा
फिर सफ़ेद बिछौने की
            सलवट की तरह झिझकी

और कहने लगी :
"आज माघ की रात
मैंने नदी में पैर डाला

बड़ी ठंडी रात में—
एक नदी गुनगुनी थी

बात अनहोनी,
पानी को अंग लगाया
नदी दूध की हो गई

कोई नदी करामाती
मैं दूध में नहाई

इस तलवंडी इह कही नदी?
किहा सुपना?

ते नदी विच चन्न तरदा सी
मैं तली उत्ते चन्न धरिआ
घुट भरिआ

ते नदी दा पाणी—
मेरी रत विच घुलदा पिआ
ते उही चानण—
मेरी कुख विच हिलदा पिआ।

फग्गण दी कटोरी विच
सत रंग घोलां
मुखों न बोलां

इह मिट्टी दी देह सकारथी हुंदी
जद वक्खी दे विच
कोई आलहणा पांदा,

इह किहा जप?
किहा तप?

कि मावां नूं रब दा दीदार
कुख विचों हुंदा...

कच्चे गर्भ दे अरोए
मेरा जी न खलोए

बैठी रिड़किणा पाइआ
ते जापे मक्खण हिलिआ

इस तलवंडी में यह कैसी नदी?
कैसा सपना?

और नदी में चाँद तैरता था
मैंने हथेली पर चाँद रखा
घूँट भरा

और नदी का पानी—
मेरे ख़ून में घुलता रहा
और वह प्रकाश
मेरी कोख में हिलता रहा।

फागुन की कटोरी में
सात रंग घोलूँ
मुख से ना बोलूँ

यह मिट्टी की देह सकार्थी होती
जब कोख में
कोख नीड़ बनाता,

यह कैसा जप?
कैसा तप?

कि माँ को ईश्वर का दीदार
कोख में होता...

कच्चे गर्भ के अरोये
मेरा मन न टिके

मथने के लिए बैठी
तो लगा मक्खन हिला,

मैं चाटी हत्थ पाइआ
तां सूरज दा पेड़ा निकलिआ

इह किहा भोग सी?
किहा संजोग सी?

ते चढ़े चेतर
          इह किहा सुपना?

मेरे तो मेरी कुख तक
इह सुपनिआं दा फासला।

मेरा जिआ हुलसिआ
ते हिआ डरिआ,

वैसाख दी वाडी
इह कणक सी
छज विच छटण नूं पाई
तां छज तारिआं दा भरिआ

अज भिन्नी रात दा बेला
ते जेठ दे महीने
          इह कही वाज सी?

ज्यों जलां विचों थला विचों
इक नाद जिहा उठे
          इह मोह दा—
          ते माया दा गीत सी?
जां रब दी—
          काइआ दा गीत सी?

मैंने मटकी में हाथ डाला
तो सूरज का पेड़ा निकला।

यह कैसा भोग था?
कैसा संयोग था?

और चढ़ते चैत—
यह कैसा सपना?

मेरे और मेरी कोख तक—
यह सपनों का फ़ासला।

मेरा जिया हुलसा
और हिया डरा,

वैसाख में कटनेवाली
यह कैसी कनक थी
झाज में फटकने को डाली
तो झाज तारों से भरा...

आज भीनी रात की बेला
और जेठ के महीने—
यह कैसी आवाज़ थी?

ज्यों जल में से थल में से
एक नाद सा उठे
यह मोह और
माया का गीत था
या ईश्वर की—
काया का गीत था?

कोई देवी सुगन्ध सी?
जां मेरी नाभि दी गन्ध सी?

मैं त्राहि त्राहि जांदी रही
डरदी रही,
ते एसे वाज दी सेधे
मैं बनां विच तुरदी रही...

इह कही वाज?
किहा सुपना
किन्ना कु पराया?
किन्ना कु आपणा?

मैं इक हरनी—
बउरी जही हुंदी रही,
ते आपणी कुख नाल
आपणे कन्न लांदी रही

हाड़ दा महीना—
तृप्ता दी अख खुली सुभावके
ज्यों फुल खिड़दा है
ज्यों दिहुं चढ़दा है

"इह जिंद मेरी—
किहड़ियां सरां दा पाणी?
मैं हुणे ऐथे
इक हंस बहिंदा वेखिआ,

इह किहा सुपना?
कि जाग के वी जापे!

कोई दैवी सुगन्ध थी?
या मेरी नाभि की गन्ध थी?

मैं सहम सहम जाती रही
डरती रही,
और इसी आवाज़ की सीध में
मैं बनों में चलती रही...

यह कैसी आवाज़
कैसा सपना?
कितना सा पराया?
कितना सा अपना?

मैं एक हिरनी
बावरी सी होती रही,
और अपनी कोख से
अपने कान लगाती रही।

अषाढ़ का महीना—
स्वाभाविक तृप्ता की आँख खुली
ज्यों फूल खिलता है
ज्यों दिन चढ़ता है

"यह मेरी ज़िन्दगी
किन सरोवरों का पानी
मैंने अभी यहाँ
एक हंस बहता देखा,

यह कैसा सपना?
कि जागकर भी लगे;

मेरी वखी दे विच—
उहदा खंब हिलदा पिआ...

कोई रुख ना मनुख ना नेड़े
फेर किहने मेरी झोली
नरेल पाइआ?

मैं खोपा तोड़िआ
तां लोक गरी लैण आया
कच्ची गरी दा पाणी
मैं छन्निआं 'च पाया

कोई रख ना रवायत ना
दुई ना द्वैत ना
बूहे ते लुकाई ढुकी
ते खोपे दी गरी—
फेर वी ना मुकी।

इह किहा खोपा?
इह किहा सुपना?
ते सुपनिआं दे धागे
किन्ने कु लम्बे?

इह छाती दा सावण
मैं छाती नूं हत्थ लाइआ
ता उही गरी दा पाणी—
दुध वांग सिम्मे।

इह किहा भादों
इह किहा जादू

मेरी कोख में
उसका पंख हिले

कोई पेड़ और मनुष्य मेरे पास नहीं
फिर किसने मेरी झोली में
नारियल डाला?

मैंने खोपा तोड़ा
तो लोग गरी लेने आए
कच्ची गरी का पानी
मैंने कटोरों में डाला

कोई रख ना रवायत ना
दुई ना द्वैत ना
द्वार पर असंख्य लोग आए
पर खोपे की गरी—
फिर भी न खत्म हुई।

यह कैसा खोपा!
यह कैसा सपना?
और सपनों के धागे
कितने लम्बे!

यह छाती का सावन
मैंने छाती को हाथ लगाया
तो वह गरी का पानी—
दूध की तरह टपका।

यह कैसा भादों?
यह कैसा जादू?

सब गलां निआरिआं
इस गर्भ दे बालक दा
        चोला कोण सींवेगा

इह कही पच्छी
इह कहे मुड्ढे
मैं कल जिवें सारी रात
        किरना अटेरिआं...

असु दे महीने—
तृप्ता जागी ते विरागी

"नी जिन्दे मेरिए।
तू किहदे लई कतनी ए
        मोह दी पूणी?

मोह दिआं तंदा विच
अम्बर ना वलींदा
सूरज ना बझींदा

इक सच जिही वस्तु
दह दा चोला ना कतींदा... "

ते तृप्ता ने कुख अग्गे
        मत्था निवाइआ—
मैं सुपनिआं दा भेत पाइआ
इह ना अपणा ना पराइआ

कोई अज़ल दा जोगी—
        जिवें मौज विच आइआ

सब बातें न्यारी
इस गर्भ के बालक का
चोला कौन सीयेगा?

यह कैसा अटेरन?
यह कैसे मुड्ढे!
मैंने कल जैसे सारी रात
किरणें अटेरीं...

असौज के महीने—
तृप्ता जागी और वैरागी

"अरी मेरी ज़िन्दगी!
तू किसके लिए कातती है
मोह की पूनी!

मोह के तार में
अम्बर न लपेटा जाता
सूरज न बाँधा जाता

एक सच सी वस्तु
इसका चोला न काता जाता..."

और तृप्ता ने कोख के आगे
माथा नवाया
मैंने सपनों का मर्म पाया
यह ना अपना ना पराया

कोई अज़ल का जोगी—
जैसे मौज में आया

ऐवे घड़ी पल बैठा
सेके कुख दी धूणी

नी जिन्दे मेरिए!
तू किहदे लई कतनी एं—
मोह दी पूणी..

मेरा कत्रक धर्मी
मेरी जिन्द सुकर्मी
मेरी कुख दी धूणी
कत्ते अग्ग दी पूणी

बलिया देह दा दीवा
छोहिआ चानण दा तीला...
सद्दो धरती दी दाई
मेरा, पहिलड़ा बीला...

यूँ ही पलभर बैठा—
        सेंके कोख की धूनी...

"अरी मेरी ज़िन्दगी
तू किसके लिए कातती है—
        मोह की पूनी...

मेरा कार्तिक धर्मी
मेरी ज़िन्दगी सुकर्मी
मेरी कोख की धूनी
काते आग की पूनी

दीप देह का जला
तिनका प्रकाश का छुआ
बुलाओ धरती की दाई
मेरा पहला जापा..."

ख़ाली जगह

सिर्फ़ दो रजवाड़े सन—
इक ने मैनूं ते उहनूं बेदखल कीता सी,
ते दूजे नूं असां दोहां ने त्याग दित्ता सी।

नंगे असमान दे हेठां—
मैं किन्ना ही चिर
पिंडे दे मींह विच भिजदी रही
उह किन्ना ही चिर
पिंडे दे मींह विच गलदा रहा।

फिर उमरां दे मोह नूं—
इक ज़हर वांग पीके
उहदे कम्बदे हत्थ ने मेरा हत्थ फड़िया
चल! छिणा दे सिर ते इक छत पाइये
ओह वेख! परां—साहमणे, औथे
सच अते झूठ दे विचकार—कुछ जगाह ख़ाली है...

ख़ाली जगह

सिर्फ़ दो रजवाड़े थे
एक ने मुझे और उसे बेदख़ल किया था
और दूसरे को हम दोनों ने त्याग दिया था।

नग्न आकाश के नीचे—
मैं कितनी ही देर—
तन के मेह में भीगती रही,
वह कितनी ही देर
तन के मेह में गलता रहा।

फिर बरसों के मोह को—
एक ज़हर की तरह पीकर
उसने काँपते हाथों से मेरा हाथ पकड़ा!
चल! क्षणों के सिर पर एक छत डालें
वह देख! परे—सामने, उधर
सच और झूठ के बीच—कुछ जगह ख़ाली है...